まえがき

　　外国語の勉強はスポーツと同じで，日々の努力が必要です。しかしハードすぎると，やる気を失い，しっかりと基礎を作ることができません。外国語は少しずつ，しかし着実に練習を重ねていくことにより，自然とできるようになるものです。中国語の勉強も例外ではありません。学校だと年間の時間数が限られている上，一回の授業でいくつかの文法事項を取り扱うため，消化しきれないままどんどん先へと進みがちです。そこで，本書はそうした問題を解決するために，初級補助教材として開発しました。

　　本書は，初級教科書で取り扱う基本文型を易しいと思われるものから順に，毎回１つに絞っています。また，各文型に対して基本学習，確認，応用練習という形で学習ができるように構成されています。この学習帳の順番で毎日続けることをお勧めしますが，学校で使う教科書の文法項目に対応する形でのピンポイント学習，つまり自宅での復習・予習も可能です。

　　本書は学習者に「できた」という達成感を感じ取ってもらうために，あえて一日に１センテンス＋新出単語６個というシンプルな内容にしました。既出単語を繰り返し使うことにより，無理なくステップアップしていけるだけでなく，中国語を楽しく勉強することもできます。ユニットごとにテスト問題も用意していますので，ぜひ日々の努力の成果を確認してみてください。皆様の中国語学習に少しでもお役に立てれば幸いです。本書をお使いの皆様方，是非とも忌憚のないご意見やご感想をお寄せください。

　　最後に，本書の出版に際し，企画の段階から大変お世話になった朝日出版社の許英花氏に感謝申し上げます。

2022年11月

著者

本書の使い方

　本書は「できるだけシンプルかつ負担にならない内容で, 毎日少しずつ勉強する習慣を身につけ, 自然と中国語ができるようになる」ことをコンセプトに, 以下のように構成されています。❶〜❹ は基本学習, ❺〜❽ は基本学習の確認及び応用練習になります。

❶ 基本文型

　初級中国語教科書で取り上げられている基本文法項目を丁寧に示し, 説明もできるだけ分かりやすく, 簡潔にしています。本書で取り上げられているのはいずれも日常的によく使われる中国語の表現です。着実に1日1文を覚えていきましょう。

❷ 文の構造を確認してみましょう。

　日本語は「主語＋目的語＋述語」ですが, 中国語は「主語＋述語＋目的語」の語順になります。ここでは述語を軸に拡張していく中国語の構文を毎回確認します。それにより, 中国語文の骨組みに自然と慣れていくはずです。

1日 学 1句

わたしの中国語学習帳

監修 **楊凱栄**　　　著者 **張麗群**

My Chinese Study Notebook

朝日出版社

音声ダウンロード

 音声再生アプリ「リスニング・トレーナー」（無料）

朝日出版社開発のアプリ、「リスニング・トレーナー（リストレ）」を使えば、教科書の音声をスマホ、タブレットに簡単にダウンロードできます。どうぞご活用ください。

まずは「リストレ」アプリをダウンロード

▶ App Store はこちら　　　　▶ Google Play はこちら

アプリ「リスニング・トレーナー」の使い方

❶ アプリを開き、「コンテンツを追加」をタップ

❷ QRコードをカメラで読み込む　　　

❸ QRコードが読み取れない場合は、画面上部に **45380** を入力し「Done」をタップします

QRコードは㈱デンソーウェーブの登録商標です

Webストリーミング音声

https://text.asahipress.com/free/ch/245380

◆本テキストの音声は、上記のアプリ、ストリーミングでのご提供となります。
　本テキストにCD・MP3は付きません。

❸ 新出語句

　外国語の学習に語彙の習得は欠かせませんが, 一度にたくさんあると, なかなか覚えられません。本書では1回ごとの新出語句を6語に限定し, 語句には日本語の訳も示しています。そうすることによって, もっとも基本的な語彙を身につけることと, その応用練習に時間を費やすことができます。6語は少ないように見えますが, 毎日の積み重ねにより語彙力が自然とアップします。「継続は力なり」です。

❹ 中国語の漢字を確認してみましょう。

　中国語は簡体字を使いますので, 日本語にない漢字がたくさんあります。ここでは特に難しいと思われる漢字を書き順とともに示しています。真似をして書けるようにしましょう。

❺ 次のピンインを漢字に直してみましょう。

　中国人の日常生活において, ピンインが頻繁に使われることはありません。ただ, 辞書を調べるときには必要不可欠なので, ピンインの読み書きができるようになる必要があります。最初の数回はピンインの練習になりますが, 徐々にピンインを減らしていきます。また練習問題の形式は文法項目によって異なることがあります。

❻ 次の中国語を日本語に訳してみましょう。

　ここでは習った基本文型の応用練習を行います。基本文型の真似をしながら, 新出語句を入れ替えてみましょう。

❼ 音声を聞いて, 漢字とピンインで書いてみましょう。

　外国語の勉強は聞き取りも大事です。発音を聞いて理解できないと真の意味で外国語をマスターしたとは言えません。そこで, ここではリスニング力を鍛えるために, 書き取り問題を行います。基本文型などが身についたかどうか, 言葉を音声から認識できるかどうかの確認を行います。

❽ 次の日本語を中国語に訳してみましょう。

　基本文型をベースとして様々な応用練習をすることにより, 文型や語句をその日中に定着させることができます。

目 次

中国語の特徴 10

声調＆ピンイン 11

単母音 12

複合母音 13

鼻母音 14

子音 15

中国語の音節構造, 声調の変化, r化など 16

よく使われる挨拶言葉

你好・您好 18

老师好・大家好/你们好 19

谢谢・不客气 20

对不起・没关系 21

再见・回头见 22

打搅了・晚安 23

＊テスト（ピンイン＆挨拶言葉） 24

ユニット1

❶ 我是日本人。   "是"を用いる動詞述語文 26

❷ 他是学生。   "是"を用いる動詞述語文 28

❸ 这是中日词典。   指示詞"这, 那" 30

❹ 那是韩国的化妆品。   連体修飾の"的"（名詞＋"的"＋名詞）..... 32

❺ 我姓山本。   苗字の言い方 34

❻ 我叫山本美佳。   名前の言い方 36

＊テスト（ユニット1） 38

ユニット2

❶ 我学汉语。   動詞述語文 40

❷ 她听音乐。   動詞述語文 42

❸ 我喜欢打网球。   動詞述語文 44

❹ 你去学校吗？   "吗"疑問文 46

❺ 她不是我的上司。   否定を表す副詞"不" 48

❻ 我不去图书馆。   否定を表す副詞"不" 50

＊テスト（ユニット2） 52

ユニット 3

① 我**也**吃馄饨。　　　　　　副詞 "也" ┈┈┈┈┈┈┈┈┈┈┈┈┈┈ 54
② 她**也**不喝牛奶。　　　　　　副詞 "也" ┈┈┈┈┈┈┈┈┈┈┈┈┈┈ 56
③ 我们**都**去机场。　　　　　　副詞 "都" ┈┈┈┈┈┈┈┈┈┈┈┈┈┈ 58
④ **爸爸和妈妈**都工作。　　　　親族の言い方 ┈┈┈┈┈┈┈┈┈┈┈┈ 60
⑤ **我姐姐**喜欢旅游。　　　　　"的" の省略（親族関係）┈┈┈┈┈ 62
⑥ 我吃小笼包，你**呢**?　　　　名詞＋ "呢"（〜は？）┈┈┈┈┈┈ 64
　＊テスト（ユニット3）┈┈┈┈┈┈┈┈┈┈┈┈┈┈┈┈┈┈┈┈┈┈┈┈┈ 66

ユニット 4

① 中国菜很**好吃**。　　　　　　形容詞述語文 ┈┈┈┈┈┈┈┈┈┈┈┈ 68
② 日本菜**不油腻**。　　　　　　形容詞述語文（否定）┈┈┈┈┈┈┈ 70
③ 麻婆豆腐**辣不辣**?　　　　　反復疑問文 ┈┈┈┈┈┈┈┈┈┈┈┈┈┈ 72
④ 锅贴儿好吃**还是**水饺儿好吃?　選択疑問文 "还是" ┈┈┈┈┈┈ 74
⑤ 你买**什么**?　　　　　　　　疑問詞疑問文 "什么" ┈┈┈┈┈┈┈ 76
⑥ 你喝**什么**饮料?　　　　　　疑問詞疑問文 "什么" ┈┈┈┈┈┈┈ 78
　＊テスト（ユニット4）┈┈┈┈┈┈┈┈┈┈┈┈┈┈┈┈┈┈┈┈┈┈┈┈┈ 80

ユニット 5

① 今天**星期二**。　　　　　　　曜日（名詞述語文）┈┈┈┈┈┈┈┈┈ 82
② 前天**十一月二十号**。　　　　年月日（名詞述語文）┈┈┈┈┈┈┈ 84
③ 今年**二〇二三年**。　　　　　年月日（名詞述語文）┈┈┈┈┈┈┈ 86
④ 现在**两点一刻**。　　　　　　時間の言い方（名詞述語文）┈┈┈ 88
⑤ 小王**十八岁**。　　　　　　　年齢の言い方（名詞述語文）┈┈┈ 90
⑥ 明天**不是星期六**。　　　　　名詞述語文（否定）┈┈┈┈┈┈┈┈ 92
　＊テスト（ユニット5）┈┈┈┈┈┈┈┈┈┈┈┈┈┈┈┈┈┈┈┈┈┈┈┈┈ 94

ユニット 6

① 我买一**张**票。　　　　　　　量詞（名量詞）┈┈┈┈┈┈┈┈┈┈┈ 96
② 她买三**斤**橘子。　　　　　　量詞（名量詞）┈┈┈┈┈┈┈┈┈┈┈ 98
③ **这条**裙子很便宜。　　　　　"这，那" ＋量詞＋名詞 ┈┈┈┈ 100
④ 你吃**几**块巧克力?　　　　　疑問詞疑問文 "几" ┈┈┈┈┈┈┈ 102
⑤ 王老师的女儿**在**英国。　　　所在を表す動詞 "在" ┈┈┈┈┈ 104
⑥ 经理**不在**办公室。　　　　　所在を表す動詞 "在"（否定）┈ 106
　＊テスト（ユニット6）┈┈┈┈┈┈┈┈┈┈┈┈┈┈┈┈┈┈┈┈┈┈┈┈ 108

ユニット 7 🐼

❶ **我家**在车站附近。　　　"的"の省略（所属関係）──────── 110

❷ 今天的报纸在**这儿**。　　　場所を表す指示詞"这儿, 那儿"── 112

❸ 厕所在**哪儿**?　　　　　　疑問詞疑問文"哪儿"──────── 114

❹ 医院**离**车站不远。　　　　隔たりを表す前置詞"离"───── 116

❺ 他家的院子大**极了**。　　　形容詞＋"极了"────────── 118

❻ **南京夏天很热。**　　　　　主述述語文──────────── 120

＊テスト（ユニット7）─────────────────────── 122

ユニット 8 🐼

❶ 哥哥**在**健身房工作。　　　場所を表す前置詞"在"───── 124

❷ 爸爸**不在**家吃晚饭。　　　場所を表す前置詞"在"（否定）─ 126

❸ 我**有**两件羽绒衣。　　　　所有を表す動詞"有"────── 128

❹ 我家附近**有**一个公园。　　存在を表す動詞"有"────── 130

❺ 我们公司**没有**外国人。　　所有・存在を表す動詞"没有"── 132

❻ 我喝**了**一瓶可口可乐。　　完了を表す助詞"了"────── 134

＊テスト（ユニット8）─────────────────────── 136

ユニット 9 🐼

❶ 我**想**吃法国菜。　　　　　願望を表す助動詞"想"───── 138

❷ 我**不想**打篮球。　　　　　願望を表す助動詞"想"（否定）─ 140

❸ 北京烤鸭很好吃**吧**。　　　推量を表す助詞"吧"────── 142

❹ 我参观**过**故宫。　　　　　経験を表す助詞"过"────── 144

❺ 我**没**玩儿过这个游戏。　　否定を表す副詞"没"────── 146

❻ 我坐过**一次**过山车。　　　量詞（動量詞）──────── 148

＊テスト（ユニット9）─────────────────────── 150

ユニット 10 🐼

❶ 我**下午**回了一趟家。　　　時点──────────────── 152

❷ 我在检票口等了**一个小时**。時間の幅──────────── 154

❸ 我们聊了一个小时**天儿**。　離合動詞──────────── 156

❹ 这个菜**有点儿**咸。　　　　副詞"有点儿"────────── 158

❺ 我**去**药妆店**买**眼药水。　連動文──────────── 160

❻ 明天**开车去**兜风。　　　　連動文──────────── 162

＊テスト（ユニット10）────────────────────── 164

ユニット 11

① 这个汉字**怎么**读? 　　　疑問詞疑問文 "怎么"（手段）·········· 166

② 这个香蕉坏**了**。　　　　　変化　新事態の発生を表す文末助詞 "了" 168

③ 田中去神户出差**了**。　　　変化・新事態の発生を表す文末助詞 "了" ·········· 170

④ 咱们一起去唱卡拉OK**吧**。　提案・勧誘を表す助詞 "吧" ·········· 172

⑤ 我们商量**一下**。　　　　　動詞＋ "一下" ·········· 174

⑥ 老师留了**一些**作业。　　　不定の数量を表す量詞 "些" ·········· 176

＊テスト（ユニット11）·········· 178

ユニット 12

① 妈妈准备了**一点儿**下酒菜。 動詞＋ "一点儿" ·········· 180

② 这个茶叶**多少**钱?　　　　疑問詞疑問文 "多少" ·········· 182

③ 荞麦面二十五**块钱**一碗。　お金の言い方 ·········· 184

④ 朋友**送的**日式甜点好吃极了。連体修飾の "的"（動詞＋ "的" ＋名詞）·········· 186

⑤ 这家寿司店的口碑**怎么样**? 疑問詞疑問文 "怎么样" ·········· 188

⑥ 这是一个**难得的**机会。　　連体修飾の "的"（形容詞＋ "的" ＋名詞）·········· 190

＊テスト（ユニット12）·········· 192

ユニット 13

① 大家一起**讨论讨论**。　　　動詞の重ね型 ·········· 194

② 他个子**比**我高。　　　　　比較を表す前置詞 "比" ·········· 196

③ 这个箱子比那个箱子**更**重。程度副詞 "更" ·········· 198

④ 来日本观光的外国人**这么**多啊。指示詞 "这么，那么" ·········· 200

⑤ 湖南菜**有**四川菜（那么）辣吗? 比較に用いる "有" ·········· 202

⑥ 中餐**没有**西餐（那么）讲究。比較に用いる "没有" ·········· 204

＊テスト（ユニット13）·········· 206

テスト解答 ·········· 208

索引 ·········· 213

中国語の特徴

● 中国は漢民族と少数民族からなる多民族国家です。おおよそ90%以上占める漢民族が使う言語を「漢語」と言います。

● 漢民族の共通言語として推し進められた言語のことを「普通話」と言います。日本で言う「(現代)中国語」は一般的にこの「普通話」を指します。いま中国では「普通話」がかなり普及されるようになり，少数民族の多い地域でも通用するようになっています。

● 中国語は漢字を使います。中国大陸では簡略化された「簡体字」が使われ，香港，マカオ，台湾などでは旧字体の「繁体字」が使用されています。日本の常用漢字と異なる「簡体字」が数多くあります。

　　簡体字：中国大陸，シンガポールなど
　　繁体字：台湾，香港など

簡体字	繁体字	日本の常用漢字
艺	藝	芸
滨	濱	浜

● 中国語を学習する場合，まず発音を知る必要があります。原則として中国語の発音では漢字1文字が1音節になります。発音の表記はいわゆる"拼音"(ピンイン)「中国式ローマ字」によって表されます。中国語の音節は「声母＋韻母＋声調」からなります。

声調 & ピンイン

中国語を発音するには「声調」が非常に大事です。声調が違えば意味もまったく異なります。中国語の声調は4つのタイプに分かれます。

第1声：高く平らにのばす（それぞれ自分の音域の最高点）
第2声：音域の真ん中あたりから一番高いところへ引き上げる
第3声：低くおさえる（1音節でのみ使う場合，最後が上がる）
第4声：音域の一番高いところから一気におとす

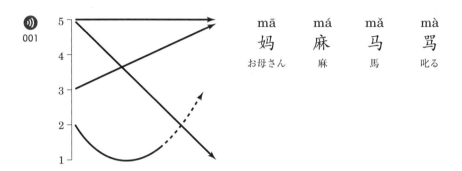

	mā	má	mǎ	mà
	妈	麻	马	骂
	お母さん	麻	馬	叱る

「4声」のほかに「軽声」があり，他の声調の後に軽く短く添えるように発音します。

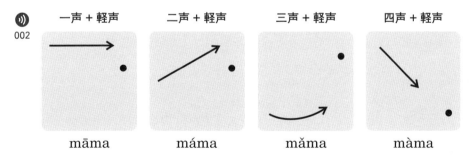

中国語のピンイン（"拼音"）には単母音（7個），複合母音（13個），鼻母音（16個），子音（21個）があります。

単母音

003

単母音	a	o	e	i (yi)	u (wu)	ü (yu)
そり舌母音	er					

（　）は子音を伴わない時の綴り方をしています。

● 発音ポイント ●

 a　口を上下に大きく開けます。

 o　日本語のオより口を丸め，やや突き出します。

 e　舌を後ろへ引く。口をやや開いた状態で，「ウ」と「オ」の間ぐらいの音を出します。

 i (yi)　日本語のイではなく，口を左右に引ききった状態で発音する。

 u (wu)　唇を丸く突き出します。

 ü (yu)　唇はuと同じ状態にし，iを発音します。

そり舌母音

 er　口腔の中央に平たく置かれている舌をそり上げます。

音声を聞いて，発音してみましょう。 004

è	èr	yī	wǔ
饿	二	一	五

（おなかがすく）

12

複合母音

二重母音	ai	ei	ao	ou	ia (ya)	ie (ye)	ua (wa)	uo (wo)	üe (yue)
三重母音	iao (yao)	iou (you)	uai (wai)	uei (wei)					

（　　）は子音を伴わない時の綴り方をしています。

● 発音ポイント ●

複数の母音を滑らかにつないで，ひとまとまりの音として発音します。

＞前を強く発音します。

> ai　ei　ao　ou

＜後ろを強く発音します。

> ia　ie　ua　uo　üe

声調のつけ方：
- a が優先されます。
  a がなければ o か e につけます。
- i, u が並ぶ場合は guǐ　xiū のように後ろにつけます。
- i は ī í ǐ ì のように上の点をとってつけます。

＜＞真ん中を強く発音します。

> iao　iou　uai　uei

＊iou の前に子音がつく場合，iu の綴りになります。
＊uei の前に子音がつく場合，ui の綴りになります。

音声を聞いて，発音してみましょう。 006

áo yè	wéiyuē	yěwài	yāowéi
熬夜	违约	野外	腰围
（夜ふかしする）	（違約する）	（野外）	（ウエスト）

13

鼻母音

二重 鼻母音	an	en	in (yin)	ün (yun)				
三重 鼻母音	ang	eng	ing (ying)	ian (yan)	uan (wan)	uen (wen)	üan (yuan)	ong
四重 鼻母音	iang (yang)	uang (wang)	ueng (weng)	iong (yong)				

（　　）は子音を伴わない時の綴り方をしています。

● 発音ポイント ●

n ：舌の先を上の歯茎につけます。「安心」の「あ<u>ん</u>」。

ng：舌の先を上の歯茎につけません。「案外」の「あ<u>ん</u>」。

＊ian の「a」はその前の「i」の影響により，「エ」の発音になります。

音声を聞いて，発音してみましょう。 008

yuànwàng	yǐnyòng	wényánwén	yún
愿望	引用	文言文	云
（願い）	（引用する）	（文語文）	（雲）

子 音

唇 音	b(o)	p(o)	m(o)	f(o)
舌尖音	d(e)	t(e)	n(e)	l(e)
舌根音	g(e)	k(e)	h(e)	
舌面音	j(i)	q(i)	x(i)	
そり舌音	zh(i)	ch(i)	sh(i)	r(i)
舌歯音	z(i)	c(i)	s(i)	

● 発音ポイント ●

無気音：強い息を伴わずに発音します。

010　bó（博）　dé（德）　gē（歌）　jí（级）　zhǐ（纸）　zì（自）

有気音：強い息を伴って発音します。

011　pō（坡）　tè（特）　kě（可）　qí（其）　chī（吃）　cí（词）

綴り方の違い：

j q x + ü ⇒ ju qu xu　　　n l + ü ⇒ nü lü

音声を聞いて，発音してみましょう。　012

rìjì	kèzhì	zìsī	chīlì
日记	克制	自私	吃力
（日記）	（抑制する）	（利己的）	（骨が折れる）

15

中国語の音節構造，声調の変化，r化など

● 中国語の音節構造 🔊 013

声母	韻母			声調	音節と漢字	
	介音	主母音	尾音			
		a		ー	ā	（啊）
p		a		＼	pà	（怕）
j	i	e		∨	jiě	（姐）
t		a	o	／	táo	（逃）
q	u	a	n	／	quán	（全）

● 声調の変化 🔊 014

・3声 + 3声（表記は3声 + 3声ですが，発音は2声 + 3声になります）

　　　你好 nǐ hǎo ⇒ ní hǎo

・半三声（3声のあとに1声，2声，4声，軽声が来る場合，前の3声は半三声で発音します）

　　　你吃　　　你学　　　你看　　　你的
　　　nǐ chī　　nǐ xué　　nǐ kàn　　nǐ de

● "不"と"一"の変調 🔊 015

　"不"の後ろに1声，2声，3声が続くとき，bù（4声）と発音します。

　　　　　　　　　1声　　bù chī　不吃（食べない）
　　bù（4声） + 2声　　bù xué　不学（学ばない）
　　　　　　　　　3声　　bù xiě　不写（書かない）

　"不"の後ろに4声が続くとき，bú（2声）と発音します。

　　bú（2声） + 4声　　bú kàn　不看（見ない）

　"一"の後ろに1声，2声，3声が続く場合，yì（4声）と発音します。

　　　　　　　　　1声　　yìqiān　一千（千）
　　yì（4声） + 2声　　yì nián　一年（一年）
　　　　　　　　　3声　　yìbǎi　一百（百）

"一"の後ろに4声が続く場合，yí (2声) と発音します。

   yí (2声) + 4声　　yídìng 一定 (必ず)

数字のつぶ読みや序数，末尾に使われる場合，yī (1声) と発音します。

   yī 一 (1)　　　　dì yī cì 第一次 (1回目)

● r化の発音 🔊 016

(1) r の添加

   niǎo 鸟 ― niǎor 鸟儿 (鳥)　　　huā 花 ― huār 花儿 (花)

(2) n, i の脱落

   jīn 今 ― jīnr 今儿 (今日)　　xiāngwèi 香味 ― xiāngwèir 香味儿 (よい香り)

(3) ng の脱落，鼻音化

   yǒu kòng 有空 ― yǒu kòngr 有空儿 (ひまがある)

(4) i が [ə] になる

   shì 事 ― shìr 事儿 (用事)

*隔音符号

a o e で始まる音節が続く場合，その前に '(隔音符号)をつけて，前の音節との切れ目を表します。

   pí'ǎo 皮袄 (レザージャケット)　　　piào 票 (チケット)

"啊"の発音と漢字表記

語気助詞の"啊"は文末で使われ，基本的に軽声「a」で発音されますが，直前の音に影響されて，しばしば異なる漢字で表記され，発音も変わることがあります。

   a e i o ü に続く場合，"呀"(ya) と発音します。

   u ao ou に続く場合，"哇"(wa) と発音します。

   n に続く場合，"哪"(na) と発音します。

こんにちは

你好

Nǐ hǎo

"你好"は「こんにちは」の意味を表します。"你"は人称代名詞,「あなた」の意味であり,"好"は形容詞,「よい」という意味を表します。日常挨拶言葉としてよく使われます。

こんにちは

您好

Nín hǎo

"您好"は"你好"と同じように「こんにちは」の意味を表します。"您"は人称代名詞,"你"の尊敬語になります。目上の方や敬語を使うべき相手に挨拶をする時は,ぜひ"您好"を使いましょう。

018

先生こんにちは

老师好

Lǎoshī hǎo

"老师好"は「先生こんにちは」という意味です。"老师"は「先生」の意味です。教室での挨拶及び先生に会う時によく使われる挨拶言葉です。

皆さんこんにちは

大家好 / 你们好

Dàjiā hǎo　　Nǐmen hǎo

"大家好 / 你们好"は「皆さんこんにちは」の意味を表します。"大家"は「皆さん」の意味,"你们"は人称代名詞であり,「あなたたち」の意味を表します。複数の人に対して挨拶する時に用いられます。

ありがとうございます

谢谢
Xièxie

"谢谢"は「ありがとうございます」の意味を表します。"谢谢你，谢谢您，谢谢老师"のように，"谢谢"の後ろに「あなた，先生」などをつけて，「あなたに感謝します／先生，ありがとうございます」の意味を表すことができます。

どういたしまして

不客气
Bú kèqi

"不客气"は「どういたしまして」の意味を表します。お礼を言われた時に使います。"不"は否定の副詞であり，"客气"は「遠慮する」の意味を表します。"谢谢"に対して，"不用谢 Búyòng xiè"と言うこともできます。

020

すみません

対不起
Duìbuqǐ

"対不起"は「すみません，ごめんなさい」という意味を表し，相手に世話や迷惑をかけたりする時や謝る時などに使われます。

大丈夫です

没关系
Méi guānxi

"没关系"は「大丈夫です」の意味を表します。"没"は「ない」，"关系"は「関係」の意味です。直訳すれば「関係がない」になりますが，挨拶言葉として，よく"对不起"に対して答える時に用いられます。

21

さようなら

再见
Zài jiàn

"再见"は「さようなら」の意味です。"再"は副詞であり，「再び，また」の意味を表し，"见"は「会う」という意味を表します。

後ほどまた

回头见
Huítóu jiàn

"回头见"は「後ほどまた」の意味を表します。"回头"は「振り返る，後ほど」の意味であり，すぐにまた会う可能性があったりする時に用いられます。

022

お邪魔しました

打撹了
Dǎjiǎo le

"打撹了"は「お邪魔しました」という意味を表したい時に使われます。また招待された家に入る時に，"打撹了"と言うこともあります。この場合は「お邪魔します」という意味になります。

お休みなさい

晩安
Wǎn'ān

"晩安"は「お休みなさい」という意味です。

月　　日

（10点満点）

🔊 ●音声を聞いて，ピンインと声調を書いてみましょう。
023

① ▷
_____

② ▷
_____

③ ▷
_____

④ ▷
_____

⑤ ▷
_____

⑥ ▷
_____

⑦ ▷
_____

⑧ ▷
_____

⑨ ▷
_____

⑩ ▷
_____

（10点満点）

●次の日本語を中国語に訳してみましょう。

① こんにちは。

_____

② さようなら。

_____

③ お休みなさい。

_____

④ お邪魔しました。

_____

⑤ どういたしまして。

_____

⑥ 後ほどまた。

_____

⑦ 先生こんにちは。

_____

⑧ すみません。

_____

⑨ ありがとうございます。

_____

⑩ 大丈夫です。

_____

基本文型

私は日本人です。

🔊 024

我是日本人。

Wǒ shì Rìběnrén.

"是"は動詞で,「です」という意味を表します。「A+"是"+B」(A は B です)の
ような形で使われます。

文の構造を確認してみましょう。(述語を中心に)

是

是 日本人

我 是 日本人

🔊 025

	漢字		ピンイン	意味
1	我	代	wǒ	わたし
2	是	動	shì	です
3	日本人	名	Rìběnrén	日本人
4	中国人	名	Zhōngguórén	中国人
5	美国人	名	Měiguórén	アメリカ人
6	韩国人	名	Hánguórén	韓国人

中国語の漢字を確認してみましょう。

韩国	韩 韩 韩 韩 韩 韩 韩 韩
	韩 韩 韩 韩

Wǒ shì Zhōngguórén.

Wǒ shì Rìběnrén.

Wǒ shì Měiguórén.

次の中国語を日本語に訳してみましょう。 🔊 027

我是中国人。

我是美国人。

音声を聞いて，漢字とピンインで書いてみましょう。 🔊 028

漢字　　　　　　　　　　　　　　　　ピンイン

漢字　　　　　　　　　　　　　　　　ピンイン

次の日本語を中国語に訳してみましょう。

私は中国人です。

私はアメリカ人です。

私は韓国人です。

基本文型

彼は学生です。

🔊 029

他是学生。

Tā shì xuésheng.

 動詞"是"は"我是学生 / 他是学生"（私は学生です / 彼は学生です）のように，英語と違い，人称による形の変化はありません。

文の構造を確認してみましょう。（述語を中心に）

是

是学生

他是学生

🔊 030

	漢字		ピンイン	意味
1	他	代	tā	彼
2	学生	名	xuésheng	学生
3	高中生	名	gāozhōngshēng	高校生
4	她	代	tā	彼女
5	老师	名	lǎoshī	教師，先生
6	医生	名	yīshēng	医者

中国語の漢字を確認してみましょう。

老师　师　师　师　师　师　师

次のピンインを漢字に直してみましょう。 🔊 031

Tā shì xuésheng.

Tā shì gāozhōngshēng.

Tā（彼女）shì lǎoshī.

次の中国語を日本語に訳してみましょう。 🔊 032

他是医生。

她是老师。

音声を聞いて，漢字とピンインで書いてみましょう。 🔊 033

漢字 _____ ピンイン _____

漢字 _____ ピンイン _____

次の日本語を中国語に訳してみましょう。

彼女は医者です。

彼は先生です。

彼は高校生です。

基本文型

これは中日辞典です。

🔊 034

这是中日词典。

Zhè shì Zhōng-Rì cídiǎn.

🐼 "这"は指示詞として，「これ」の意味を表します。同じ指示詞には日本語の「それ，あれ」の意味に相当する"那 nà"があります。

文の構造を確認してみましょう。（述語を中心に）

是

是中日词典

这是中日词典

🔊 035

	漢字		ピンイン	意味
1	这	代	zhè	これ
2	中日词典	名	Zhōng-Rì cídiǎn	中日辞典
3	杂志	名	zázhì	雑誌
4	那	代	nà	それ，あれ
5	圆珠笔	名	yuánzhūbǐ	ボールペン
6	红茶	名	hóngchá	紅茶

中国語の漢字を確認してみましょう。

杂志　杂　杂　杂　杂　杂　杂

次のピンインを漢字に直してみましょう。 📢 036

Zhè shì zázhì.

_____

Nà shì Zhōng-Rì cídiǎn.

_____

Zhè shì yuánzhūbǐ.

_____

次の中国語を日本語に訳してみましょう。 📢 037

那是红茶。

_____

这是圆珠笔。

_____

音声を聞いて，漢字とピンインで書いてみましょう。 📢 038

漢字 _____ ピンイン _____

漢字 _____ ピンイン _____

次の日本語を中国語に訳してみましょう。

これはボールペンです。

_____

それは紅茶です。

_____

あれは中日辞典です。

_____

基本文型

それは韓国の化粧品です。

🔊 039

那是韩国**的**化妆品。

Nà shì Hánguó de huàzhuāngpǐn.

🐼 "的"は助詞で，日本語の「の」に相当します。「名詞＋"的"＋名詞」の形式で用いられます。

文の構造を確認してみましょう。（述語を中心に）

是

是～化妆品

是韩国的化妆品

那是韩国的化妆品

🔊 040

	漢字		ピンイン	意味
1	韩国	名	Hánguó	韓国
2	的	助	de	の
3	化妆品	名	huàzhuāngpǐn	化粧品
4	书包	名	shūbāo	カバン
5	日本	名	Rìběn	日本
6	漫画	名	mànhuà	マンガ

中国語の漢字を確認してみましょう。

化妆　妆　妆　妆　妆　妆

次のピンインを漢字に直してみましょう。 🔊 041

Nà shì wǒ de shūbāo.

Zhè shì Rìběn de mànhuà.

Zhè shì Hánguó de huàzhuāngpǐn.

次の中国語を日本語に訳してみましょう。 🔊 042

那是日本的化妆品。

这是他的书包。

音声を聞いて，漢字とピンインで書いてみましょう。 🔊 043

漢字 _____ ピンイン _____

漢字 _____ ピンイン _____

次の日本語を中国語に訳してみましょう。

これは韓国の化粧品です。

それは日本のマンガです。

あれは彼女のカバンです。

基本文型

私は山本と言います。

🔊 044

我**姓**山本。

Wǒ xìng Shānběn.

🐼 "姓"は動詞として，姓（苗字）を名乗る場合に使われます。

文の構造を確認してみましょう。（述語を中心に）

姓

姓 山本

我 姓 山本

	漢字		ピンイン	意味
1	姓	動	xìng	苗字は〜と言います
2	山本	名	Shānběn	山本（苗字）
3	田中	名	Tiánzhōng	田中（苗字）
4	王	名	Wáng	王（苗字）
5	铃木	名	Língmù	鈴木（苗字）
6	李	名	Lǐ	李（苗字）

中国語の漢字を確認してみましょう。

铃木 铃 铃 铃 铃 铃 铃 铃 铃
铃 铃

次のピンインを漢字に直してみましょう。 🔊 046

Wǒ xìng Tiánzhōng.

_____

Tā（彼）xìng Wáng.

_____

Wǒ xìng Língmù.

_____

自分の姓（苗字）を調べて，言ってみましょう。

我姓 _____。

音声を聞いて，漢字とピンインで書いてみましょう。 🔊 047

漢字		ピンイン	

漢字		ピンイン	

次の日本語を中国語に訳してみましょう。

私は田中と言います。

_____

彼は鈴木と言います。

_____

彼女は李と言います。

_____

基本文型

私は山本美佳と言います。

🔊 048

我**叫**山本美佳。

Wǒ jiào Shānběn Měijiā.

🐼 "叫"は動詞として，"我叫山本美佳 / 我叫美佳"のように，フルネームまたは名前を言う時に使われます。

文の構造を確認してみましょう。（述語を中心に）

叫

叫山本美佳

我**叫**山本美佳

🔊 049

	漢字		ピンイン	意味
1	叫	動	jiào	名前は～と言います
2	山本美佳	名	Shānběn Měijiā	山本美佳（名前）
3	田中佳子	名	Tiánzhōng Jiāzǐ	田中佳子（名前）
4	王红	名	Wáng Hóng	王紅（名前）
5	铃木刚	名	Língmù Gāng	鈴木剛（名前）
6	李刚	名	Lǐ Gāng	李剛（名前）

中国語の漢字を確認してみましょう。

李**刚**　　刚　刚　刚　刚　刚　刚

次のピンインを漢字に直してみましょう。

050

Tā (彼女) jiào Tiánzhōng Jiāzǐ.

....

Wǒ jiào Wáng Hóng.

....

Wǒ jiào Shānběn Měijiā.

....

自分の名前（フルネーム）を調べて，言ってみましょう。

我叫 ....。

音声を聞いて，漢字とピンインで書いてみましょう。

051

漢字 .... ピンイン ....

漢字 .... ピンイン ....

次の日本語を中国語に訳してみましょう。

彼女は田中佳子と言います。

....

彼は鈴木剛と言います。

....

私は李剛と言います。

....

（10点満点）

●次の日本語を中国語に訳してみましょう。

① カバン　　　　　▶
_____

② 化粧品　　　　　▶
_____

③ 先生　　　　　　▶
_____

④ これ　　　　　　▶
_____

⑤ マンガ　　　　　▶
_____

⑥ ボールペン　　　▶
_____

⑦ 高校生　　　　　▶
_____

⑧ アメリカ人　　　▶
_____

⑨ 苗字は～と言います　▶
_____

⑩ 雑誌　　　　　　▶
_____

（10点満点）

●次の日本語を中国語に訳してみましょう。

① あれは中日辞典です。

_____

② 彼女は王紅と言います。

_____

③ あれは彼のカバンです。

_____

④ 私は学生です。

_____

⑤ それは紅茶です。

_____

⑥ これは先生のボールペンです。

_____

⑦ 彼は李と言います。

_____

⑧ これは韓国の化粧品です。

_____

⑨ 彼は中国人です。

_____

⑩ 彼女は山本佳子と言います。

_____

基本文型

私は中国語を勉強します。

🔊 052

我学汉语。

Wǒ xué Hànyǔ.

"学"はよく使われる一般動詞で，「勉強する，学ぶ」の意味を表します。"是"と同様，中国語の一般動詞も人称による変化はありません。

文の構造を確認してみましょう。（述語を中心に）

学

学汉语

我学汉语

🔊 053

	漢字		ピンイン	意味
1	学	動	xué	勉強する
2	汉语	名	Hànyǔ	中国語
3	吃	動	chī	食べる
4	中国菜	名	zhōngguócài	中華料理
5	喝	動	hē	飲む
6	咖啡	名	kāfēi	コーヒー

中国語の漢字を確認してみましょう。

汉语　汉　汉　汉　汉　汉

次のピンインを漢字に直してみましょう。

Wǒ xué Hànyǔ.

....

Tā（彼）chī zhōngguócài.

....

Wǒ hē kāfēi.

....

動詞を入れてみましょう。

(1) 我 ＿＿＿＿＿＿ 中国菜　　(2) 我 ＿＿＿＿＿＿ 咖啡

(3) 他 ＿＿＿＿＿＿ 汉语　　　(4) 他 ＿＿＿＿＿＿ 红茶

音声を聞いて，漢字とピンインで書いてみましょう。　055

漢字 ＿＿＿＿＿＿＿＿＿＿＿＿　　ピンイン ＿＿＿＿＿＿＿＿＿＿＿＿

漢字 ＿＿＿＿＿＿＿＿＿＿＿＿　　ピンイン ＿＿＿＿＿＿＿＿＿＿＿＿

次の日本語を中国語に訳してみましょう。

私はコーヒーを飲みます。

....

鈴木さんは中華料理を食べます。

....

田中さんは中国語を勉強します。

....

基本文型

彼女は音楽を聴きます。

🔊 056

她听音乐。

Tā tīng yīnyuè.

"听"も使用頻度の高い動詞です。耳できく場合の「聴く」の意味を表します。

文の構造を確認してみましょう。（述語を中心に）

听

听音乐

她听音乐

057

	漢字		ピンイン	意味
1	听	動	tīng	聴く
2	音乐	名	yīnyuè	音楽
3	买	動	mǎi	買う
4	词典	名	cídiǎn	辞書
5	看	動	kàn	見る，読む
6	电影	名	diànyǐng	映画

中国語の漢字を確認してみましょう。

音乐　乐　乐　乐　乐　乐

🔊 058

Tā（彼女）kàn diànyǐng.

Wǒ tīng yīnyuè.

Tā（彼）mǎi zázhì.

動詞を入れてみましょう。

(1) 我＿＿＿＿＿音乐　　(2) 我＿＿＿＿＿词典

(3) 他＿＿＿＿＿电影　　(4) 她＿＿＿＿＿化妆品

音声を聞いて，漢字とピンインで書いてみましょう。 🔊 059

漢字		ピンイン	
漢字		ピンイン	

次の日本語を中国語に訳してみましょう。

彼は映画を見ます。

私は化粧品を買います。

彼女は音楽を聴きます。

基本文型

私はテニスをするのが好きです。

◀)) 060

我喜欢打网球。

Wǒ xǐhuan dǎ wǎngqiú.

"喜欢"は動詞で,「好きだ」という意味を表します。"我喜欢打网球"のように,動詞句を目的語に取ることもできますし,"我喜欢你"（私はあなたが好きです）のように,名詞を目的語に取ることもできます。

文の構造を確認してみましょう。（述語を中心に）

喜欢

喜欢打网球

我喜欢打网球

◀)) 061

	漢字		ピンイン	意味
1	喜欢	動	xǐhuan	好きだ
2	打	動	dǎ	（球技を）する
3	网球	名	wǎngqiú	テニス
4	狗	名	gǒu	犬
5	乒乓球	名	pīngpāngqiú	卓球
6	猫	名	māo	猫

中国語の漢字を確認してみましょう。

喜欢　欢　欢　欢　欢　欢　欢

次のピンインを漢字に直してみましょう。 🔊 062

Wǒ xǐhuan gǒu.

_____

Tā（彼）xǐhuan dǎ pīngpāngqiú.

_____

Tā（彼女）xǐhuan kàn diànyǐng.

_____

イラストを見て，漢字で書いてみましょう。

我喜欢_____

她喜欢打_____

音声を聞いて，漢字とピンインで書いてみましょう。 🔊 063

漢字 _____ ピンイン _____

漢字 _____ ピンイン _____

次の日本語を中国語に訳してみましょう。

私は卓球をするのが好きです。

_____

彼女はテニスをするのが好きです。

_____

彼は猫が好きです。

_____

基本文型

あなたは学校に行きますか。

(((064

你去学校吗?

Nǐ qù xuéxiào ma?

 "吗"は文末助詞です。平叙文の文末に使い,「〜か, 〜ですか」(事柄の真偽を尋ねる)という意味を表します。"吗"疑問文に対して答える時は述語(動詞や形容詞)をそのまま使って答えます。

文の構造を確認してみましょう。(述語を中心に)

去

去学校

去学校吗

你去学校吗

(((065

	漢字		ピンイン	意味
1	你	代	nǐ	あなた
2	去	動	qù	行く
3	学校	名	xuéxiào	学校
4	吗	助	ma	(疑問を表す)か
5	超市	名	chāoshì	スーパーマーケット
6	公司	名	gōngsī	会社

中国語の漢字を確認してみましょう。

你 你 你 你 你 你 你 你

Tā（彼女）qù chāoshì ma?

Nǐ shì Rìběnrén ma?

Shānběn qù gōngsī ma?

正しい語順に並べてみましょう。

［公司 / 你 / 吗 / 去］

［喜欢 / 你 / 吗 / 打网球］

音声を聞いて，漢字とピンインで書いてみましょう。 🔊 067

漢字 _____ ピンイン _____

漢字 _____ ピンイン _____

次の日本語を中国語に訳してみましょう。

あなたは会社に行きますか。

彼女は先生ですか。

あなたはコーヒーを飲むのが好きですか。

基本文型

彼女は私の上司ではありません。

�));
068

她不是我的上司。

Tā bú shì wǒ de shàngsī.

"不"は否定を表す副詞です。"不是〜"のように，"是"の前に用いて「〜ではない」という意味を表します。四声前の"不 bù"は"bú"に変調します。

文の構造を確認してみましょう。（述語を中心に）

是

是我的上司

不是我的上司

她不是我的上司

◳))
069

	漢字		ピンイン	意味
1	不	副	bù	否定を表す。〜ではない，〜しない
2	上司	名	shàngsī	上司
3	法国人	名	Fǎguórén	フランス人
4	手机	名	shǒujī	携帯電話
5	帽子	名	màozi	帽子
6	总经理	名	zǒngjīnglǐ	社長

中国語の漢字を確認してみましょう。

总经理 总 总 总 总 总 总 总 总 总

次のピンインを漢字に直してみましょう。))) 070

Tā（彼女）bú shì Fǎguórén.

Zhè bú shì wǒ de shǒujī.

Nà bú shì nǐ de shūbāo.

次の中国語を日本語に訳してみましょう。))) 071

这不是我的帽子。

他不是总经理。

音声を聞いて，漢字とピンインで書いてみましょう。))) 072

漢字 ピンイン

漢字 ピンイン

次の日本語を中国語に訳してみましょう。

それは私の携帯電話ではありません。

これは中華料理ではありません。

私は彼女の上司ではありません。

基本文型

私は図書館に行きません。

))) 073

我**不**去图书馆。

Wǒ bú qù túshūguǎn.

否定を表す副詞 "不" を "去，学" のような一般動詞の前に用いて，「～しない」という意味を表します。

文の構造を確認してみましょう。（述語を中心に）

去

去图书馆

不去图书馆

我不去图书馆

))) 074

	漢字		ピンイン	意味
1	图书馆	名	túshūguǎn	図書館
2	做	動	zuò	作る，する
3	饭	名	fàn	ご飯
4	来	動	lái	来る
5	写	動	xiě	書く
6	信	名	xìn	手紙

中国語の漢字を確認してみましょう。

图书馆　图　图　图　图　图　图　图　图

次のピンインを漢字に直してみましょう。 075

Tā（彼女）bú zuò fàn.

_____

Zǒngjīnglǐ bù lái gōngsī.

_____

Wǒ bù hē kāfēi.

_____

次の中国語を日本語に訳してみましょう。 076

我不喜欢做饭。

_____

他不写信。

_____

音声を聞いて，漢字とピンインで書いてみましょう。 077

漢字 _____ ピンイン _____

漢字 _____ ピンイン _____

次の日本語を中国語に訳してみましょう。

彼は学校に来ません。

_____

彼女はボールペンを買いません。

_____

私はご飯を作るのが好きではありません。

_____

51

（10点満点）

●次の日本語を中国語に訳してみましょう。

① 携帯電話　　　▶

_____

② 映画　　　▶

_____

③ 書く　　　▶

_____

④ 中国語　　　▶

_____

⑤ コーヒー　　　▶

_____

⑥ 会社　　　▶

_____

⑦ スーパーマーケット　　▶

_____

⑧ 勉強する　　　▶

_____

⑨ テニス　　　▶

_____

⑩ 聴く　　　▶

_____

（10点満点）

●次の日本語を中国語に訳してみましょう。

① 彼は映画を見ます。

_____

② 彼女は日本の雑誌を読みます。

_____

③ 私は彼女の上司ではありません。

_____

④ 彼女はボールペンを買いません。

_____

⑤ 私は卓球をするのが好きです。

_____

⑥ 私は図書館に行きません。

_____

⑦ 田中さんは中国語を勉強します。

_____

⑧ 彼は猫が好きです。

_____

⑨ 彼女は音楽を聴きます。

_____

⑩ あなたは会社に行きますか。

_____

基本文型

私もワンタンを食べます。

◁))
078

我也吃馄饨。

Wǒ yě chī húntun.

"也" は類同の意味を表し，「(A は〜) B も〜」のように，日本語の「〜も」の意味に相当します。

文の構造を確認してみましょう。（述語を中心に）

吃

吃 馄饨

也 吃 馄饨

我 也 吃 馄饨

◁))
079

	漢字		ピンイン	意味
1	也	副	yě	〜も，類同を表す
2	馄饨	名	húntun	ワンタン
3	行李	名	xíngli	荷物
4	做作业		zuò zuòyè	宿題をする
5	面条儿	名	miàntiáor	うどん
6	零食	名	língshí	おやつ

中国語の漢字を確認してみましょう。

馄饨　饨　饨　饨　饨　饨　饨　饨

Tā（彼）yě chī húntun.

Zhè yě shì nǐ de xíngli ma?

Wǒ yě zuò zuòyè.

イラストを見て，漢字で書いてみましょう。

我也

这也是我的

音声を聞いて，漢字とピンインで書いてみましょう。　🔊 081

漢字　　　　　　　　　　　　　　ピンイン

漢字　　　　　　　　　　　　　　ピンイン

次の日本語を中国語に訳してみましょう。

私もスーパーマーケットに行きます。

彼もおやつを食べるのが好きです。

彼女も宿題をします。

基本文型

彼女も牛乳を飲みません。

🔊 082

她也不喝牛奶。

Tā yě bù hē niúnǎi.

類同の意味を表す副詞"也"を否定副詞の"不"と一緒に用いる場合，"也＋不"の順番で使われます。

文の構造を確認してみましょう。（述語を中心に）

喝

喝 牛奶

不 喝 牛奶

也不 喝 牛奶

她也不 喝 牛奶

🔊 083

	漢字		ピンイン	意味
1	牛奶	名	niúnǎi	牛乳
2	早饭	名	zǎofàn	朝食
3	日本菜	名	rìběncài	日本料理
4	酒	名	jiǔ	お酒
5	衣服	名	yīfu	洋服
6	油条	名	yóutiáo	中国風長揚げパン

中国語の漢字を確認してみましょう。

早饭 饭 饭 饭 饭 饭 饭 饭

次のピンインを漢字に直してみましょう。 🔊 084

Wǒ yě bù chī zǎofàn.

Nà yě bú shì rìběncài.

Tā (彼) yě bù hē jiǔ.

イラストを見て，漢字で書いてみましょう。

这也不是我的

他也不吃

音声を聞いて，漢字とピンインで書いてみましょう。 🔊 085

漢字　　　　　　　　　　　　　　　ピンイン

漢字　　　　　　　　　　　　　　　ピンイン

次の日本語を中国語に訳してみましょう。

彼女も中国人ではありません。

彼も牛乳を飲みません。

私も朝ご飯を食べません。

基本文型

私たちは皆空港に行きます。

))) 086

我们都去机场。

Wǒmen dōu qù jīchǎng.

"都"は副詞です。述語の前に用いて，「すべて，皆，余すところなく」などの意味を表します。"也"と一緒に用いる場合は，"也＋都"の順番で使われます。

文の構造を確認してみましょう。（述語を中心に）

去

去 机场

都 去 机场

我们都 去 机场

))) 087

	漢字		ピンイン	意味
1	我们	代	wǒmen	私たち
2	都	副	dōu	みな，全部
3	机场	名	jīchǎng	空港
4	你们	代	nǐmen	あなたたち
5	他们	代	tāmcn	彼ら
6	她们	代	tāmen	彼女たち

中国語の漢字を確認してみましょう。

机**场**　场　场　场　场　场　场

次のピンインを漢字に直してみましょう。 🔊 088

Nǐmen dōu xǐhuan kàn diànyǐng ma?

_____

Tāmen (彼ら) dōu shì gāozhōngshēng.

_____

日本語の意味に合うように，語順を並べ替えてみましょう。

彼女たちは皆音楽を聴くのが好きです。
［音乐 / 她们 / 听 / 都 / 喜欢］

_____

あなたたちは皆中国人ですか。
［是 / 你们 / 中国人 / 吗 / 都］

_____

音声を聞いて，漢字とピンインで書いてみましょう。 🔊 089

漢字 _____ ピンイン _____

漢字 _____ ピンイン _____

次の日本語を中国語に訳してみましょう。

彼らは皆アメリカ人です。

_____

彼女たちは皆ワンタンを食べるのが好きです。

_____

私たちも皆朝ご飯を食べません。

_____

基本文型

お父さんとお母さんは皆働いています。

090

爸爸和妈妈都工作。

Bàba hé māma dōu gōngzuò.

"爸爸，妈妈"は親族名称で，「お父さん，お母さん」の意味を表します。"父亲 fùqin，母亲 mǔqin"という言い方もありますが，それは日本語の「父」と「母」の使いかたと似ています。

文の構造を確認してみましょう。（述語を中心に）

工作

都工作

爸爸和妈妈都工作

091

	漢字		ピンイン	意味
1	爸爸	名	bàba	お父さん
2	和	接	hé	～と
3	妈妈	名	māma	お母さん
4	工作	動	gōngzuò	働く，勤める　名 仕事
5	妹妹	名	mèimei	妹
6	弟弟	名	dìdi	弟

中国語の漢字を確認してみましょう。

爸爸 爸爸 爸爸 爸爸 爸爸 爸爸 爸爸 爸

次のピンインを漢字に直してみましょう。 🔊 092

Bàba shì yīshēng.

_____

Mèimei yě xué Hànyǔ.

_____

日本語の意味に合うように，語順を並べ替えてみましょう。

弟は卓球をするのが好きです。
［乒乓球 / 弟弟 / 打 / 喜欢］

_____

お母さんの妹は先生です。
［老师 / 妈妈 / 的 / 是 / 妹妹］

_____

音声を聞いて，漢字とピンインで書いてみましょう。 🔊 093

漢字 _____   ピンイン _____

漢字 _____   ピンイン _____

次の日本語を中国語に訳してみましょう。

お母さんも卓球をするのが好きです。

_____

妹はテニスをしません。

_____

お父さんとお母さんは皆先生です。

_____

私の姉は旅行するのが好きです。

🔊 094

我姐姐喜欢旅游。

Wǒ jiějie xǐhuan lǚyóu.

 人称代名詞の後ろに親族関係を表す名詞が来る場合，"我＋的＋姐姐"ではなく，"我＋姐姐"のように，"的"が省略される形で使われます。

文の構造を確認してみましょう。（述語を中心に）

喜欢

喜欢 旅游

我姐姐 喜欢 旅游

🔊 095

	漢字		ピンイン	意味
1	姐姐	名	jiějie	姉
2	旅游	動	lǚyóu	旅行する
3	爷爷	名	yéye	(父方の) 祖父
4	哥哥	名	gēge	兄
5	香菜	名	xiāngcài	パクチー
6	奶奶	名	nǎinai	(父方の) 祖母

中国語の漢字を確認してみましょう。

姐姐　姐　姐　姐　姐　姐　姐　姐　姐

次のピンインを漢字に直してみましょう。 🔊 096

Nǐ yéye gōngzuò ma?

....

Wǒ gēge yě bù hē jiǔ.

....

日本語の意味に合うように，語順を並べ替えてみましょう。

私の兄はパクチーを食べません。
[我 / 吃 / 不 / 香菜 / 哥哥]

....

彼の (父方の) 祖母は映画を見るのが好きです。
[看 / 奶奶 / 喜欢 / 他 / 电影]

....

音声を聞いて，漢字とピンインで書いてみましょう。 🔊 097

漢字 _____   ピンイン _____

漢字 _____   ピンイン _____

次の日本語を中国語に訳してみましょう。

彼のお姉さんもパクチーを食べません。

....

あなたのお兄さんは映画を見るのが好きですか。

....

私の (父方の) 祖母も旅行するのが好きです。

....

_____月_____日

基本文型

私はショーロンポーを食べますが，あなたは？

🔊 098

我吃小笼包，你呢？

Wǒ chī xiǎolóngbāo, nǐ ne?

"呢"は文末助詞です。質問の対象となる事柄だけを提示し，それに"呢"を添えて，「〜は？」と尋ねる形で疑問の意味を表します。

文の構造を確認してみましょう。(述語を中心に)

吃

吃小笼包

我吃小笼包

我吃小笼包，你呢

🔊 099

	漢字		ピンイン	意味
1	小笼包	名	xiǎolóngbāo	ショーロンポー
2	呢	助	ne	〜は？
3	百货商店	名	bǎihuò shāngdiàn	デパート
4	留学生	名	liúxuéshēng	留学生
5	生煎包	名	shēngjiānbāo	焼きショーロンポー
6	红烧肉	名	hóngshāoròu	豚の角煮

中国語の漢字を確認してみましょう。

小笼包　笼 笼 笼 笼 笼 笼 笼 笼 笼 笼 笼

例：我喝红茶，你呢？ ⇒ 我也喝红茶。(紅茶)

爷爷吃日本菜，奶奶呢？ ⇒ _____ (日本菜)

我去公司，你呢？ ⇒ _____ (学校)

我是老师，你呢？ ⇒ _____ (医生)

日本語の意味に合うように，語順を並べ替えてみましょう。

私はデパートに行きますが，あなたは？
[呢 / 我 / 百货商店 / 去 / 你]

_____

彼女は留学生ですが，あなたは？
[你 / 留学生 / 呢 / 是 / 她]

_____

音声を聞いて，漢字とピンインで書いてみましょう。

🔊
100

漢字 _____ ピンイン _____

漢字 _____ ピンイン _____

次の日本語を中国語に訳してみましょう。

私は学生ですが，あなたは？

_____

私は焼きショーロンポーを食べますが，あなたは？

_____

私は豚の角煮を食べるのが好きですが，あなたは？

_____

✏ テスト

月　　　日

（10点満点）

●次の日本語を中国語に訳してみましょう。

① 空港　　　　　▶ _____

② 働く　　　　　▶ _____

③ うどん　　　　▶ _____

④ 彼女たち　　　▶ _____

⑤ 旅行する　　　▶ _____

⑥ ワンタン　　　▶ _____

⑦ 朝ご飯　　　　▶ _____

⑧ デパート　　　▶ _____

⑨ お母さん　　　▶ _____

⑩ 洋服　　　　　▶ _____

66

（10点満点）

●次の日本語を中国語に訳してみましょう。

① 妹はテニスをしません。

_____

② 彼女も牛乳を飲みません。

_____

③ 私は焼きショーロンポーを食べますが，あなたは？

_____

④ 私もスーパーマーケットに行きます。

_____

⑤ 私の（父方の）祖母も旅行するのが好きです。

_____

⑥ 私もワンタンを食べます。

_____

⑦ 私はデパートに行きますが，あなたは？

_____

⑧ お父さんとお母さんは皆先生です。

_____

⑨ 彼のお姉さんもパクチーを食べません。

_____

⑩ 私たちは皆空港に行きます。

_____

基本文型

中華料理はおいしいです。

◁))
101

中国菜很好吃。

Zhōngguócài hěn hǎochī.

"好吃"は形容詞です。形容詞を述語に用いて文を言い切る時は程度副詞"很"を付ける必要があります。"很"のない文は"中国菜好吃，（日本菜〜）"のように，「対比」の意味を表します。ただし，否定文や疑問文には"很"が必要ではありません。

文の構造を確認してみましょう。（述語を中心に）

好吃

很好吃

中国菜很好吃

◁))
102

	漢字		ピンイン	意味
1	很	副	hěn	とても
2	好吃	形	hǎochī	（食べ物）おいしい
3	有意思		yǒu yìsi	面白い
4	可爱	形	kě'ài	かわいい
5	英语	名	Yīngyǔ	英語
6	难	形	nán	難しい

中国語の漢字を確認してみましょう。

可爱　爱 爱 爱 爱 爱 爱 爱 爱 爱 爱

次の中国語を日本語に訳してみましょう。 ◀))
103

红烧肉很好吃。

汉语很有意思。

日本語の意味に合うように，語順を並べ替えてみましょう。

彼の妹は (とても) かわいいです。
[可爱 / 他 / 很 / 妹妹]

英語もとても面白いです。
[有意思 / 也 / 英语 / 很]

音声を聞いて，漢字とピンインで書いてみましょう。 ◀))
104

漢字 _____ ピンイン _____

漢字 _____ ピンイン _____

次の日本語を中国語に訳してみましょう。

焼きショーロンポーは (とても) おいしいです。

中国語はとても難しいです。

中華料理と日本料理は皆とてもおいしいです。

____月____日

基本文型

日本料理は脂っこくありません。

日本菜不油腻。

Rìběncài bù yóunì.

形容詞の前に副詞"不"を付けて，否定の意味を表します。

文の構造を確認してみましょう。（述語を中心に）

油腻

不油腻

日本菜不油腻

	漢字		ピンイン	意味
1	油腻	形	yóunì	脂っこい
2	贵	形	guì	(値段が)高い
3	便宜	形	piányi	安い
4	瘦	形	shòu	痩せている
5	胖	形	pàng	太っている
6	累	形	lèi	疲れている

中国語の漢字を確認してみましょう。

胖　胖 胖 胖 胖 胖 胖 胖 胖 胖

次の中国語を日本語に訳してみましょう。 🔊 107

中国菜不贵。

日本菜不便宜。

日本語の意味に合うように，語順を並べ替えてみましょう。

私の弟は痩せていません。
[不 / 我 / 瘦 / 弟弟]

英語は難しくありません。
[不 / 英语 / 难]

音声を聞いて，漢字とピンインで書いてみましょう。 🔊 108

漢字 _____ ピンイン _____

漢字 _____ ピンイン _____

次の日本語を中国語に訳してみましょう。

彼は太っていません。

私は疲れていません。

ショーロンポーは（値段が）高くありません。

基本文型

マーボー豆腐は辛いですか。

🔊 109

麻婆豆腐辣不辣?

Mápó dòufu là bu là?

述語(動詞，形容詞)を「肯定形＋否定形」の形で用いて，事柄の真偽を尋ねる疑問の意味を表します。このような構文を反復疑問文(または正反疑問文)と言います。

文の構造を確認してみましょう。(述語を中心に)

辣

辣不辣

麻婆豆腐辣不辣

🔊 110

	漢字		ピンイン	意味
1	麻婆豆腐	名	mápó dòufu	マーボー豆腐
2	辣	形	là	辛い
3	笔记本	名	bǐjìběn	ノート
4	水果	名	shuǐguǒ	果物
5	手表	名	shǒubiǎo	腕時計
6	多	形	duō	多い

中国語の漢字を確認してみましょう。

笔记本　笔　笔　笔　笔　笔　笔　笔　笔　笔　笔

例：你是中国人吗? ⇒ 你是不是中国人?

这是你的笔记本吗? ⇒ ....

你吃水果吗? ⇒ ....

日本的化妆品便宜吗? ⇒ ....

日本語の意味に合うように，語順を並べ替えてみましょう。

あなたは腕時計を買いますか。
[买 / 你 / 手表 / 买 / 不]

....

彼女はアメリカ人ですか。
[是 / 她 / 不 / 美国人 / 是]

....

音声を聞いて，漢字とピンインで書いてみましょう。 🔊
111

漢字 .... ピンイン ....

漢字 .... ピンイン ....

次の日本語を中国語（反復疑問文）に訳してみましょう。

留学生は多いですか。

....

これはあなたの腕時計ですか。

....

あなたはマーボー豆腐を食べますか。

....

基本文型

焼きギョーザがおいしいですか
それとも水ギョーザがおいしいですか。

112

锅贴儿好吃还是水饺儿好吃?

Guōtiēr hǎochī háishi shuǐjiǎor hǎochī?

 複数の述語形式を提示し、"还是"を用いて選択疑問文を作ります。"A 还是 B"の形で選択的に事柄を尋ねる時に用いられます。「A それとも B」の意味を表します。

文の構造を確認してみましょう。（述語を中心に）

好吃　　　　　　　　好吃

锅贴儿好吃　　　　水饺儿好吃

锅贴儿好吃　　还是　　水饺儿好吃

113

	漢字		ピンイン	意味
1	锅贴儿	名	guōtiēr	焼きギョーザ
2	还是	接	háishi	それとも
3	水饺儿	名	shuǐjiǎor	水ギョーザ
4	中国	名	Zhōngguó	中国
5	大	形	dà	大きい
6	美国	名	Měiguó	アメリカ

中国語の漢字を確認してみましょう。

水饺儿　饺　饺　饺　饺　饺　饺　饺　饺　饺

選択疑問文を作ってみましょう。

中国大（　　　　　）美国大?

水饺儿好吃（　　　　　）馄饨好吃?

日本語の意味に合うように，語順を並べ替えてみましょう。

犬がかわいいですかそれとも猫がかわいいですか。
[可愛 / 狗 / 猫 / 还是 / 可愛]

_____

あなたはアメリカに行きますかそれとも中国に行きますか。
[你 / 美国 / 去 / 中国 / 去 / 还是]

_____

音声を聞いて，漢字とピンインで書いてみましょう。))) 114

漢字 _____ ピンイン _____

漢字 _____ ピンイン _____

次の日本語を中国語に訳してみましょう。

ワンタンがおいしいですかそれとも焼きギョーザがおいしいですか。

_____

中国語が難しいですかそれとも英語が難しいですか。

_____

あなたが行きますかそれとも彼が行きますか。

_____

基本文型

あなたは何を買いますか。

🔊 115

你买什么?

Nǐ mǎi shénme?

"什么"は「疑問詞」です。日本語の「何」の意味を表します。"什么"を用いる疑問詞疑問文には"吗"が付きません。

文の構造を確認してみましょう。（述語を中心に）

买

买什么

你买什么

🔊 116

	漢字		ピンイン	意味
1	什么	代	shénme	なに
2	借	動	jiè	借りる，貸す
3	卖	動	mài	売る
4	查	動	chá	調べる
5	找	動	zhǎo	探す
6	画	動	huà	描く

中国語の漢字を確認してみましょう。

 卖　　卖　卖　卖　卖　卖　卖　卖　卖

以下の質問に答えてみましょう。

你借什么？ ⇒ _____

他卖什么？ ⇒ _____

日本語の意味に合うように，語順を並べ替えてみましょう。

あなたは何をするのが好きですか。
[你 / 什么 / 做 / 喜欢]

_____

あなたの弟は何を食べるのが好きですか。
[什么 / 你 / 吃 / 喜欢 / 弟弟]

_____

音声を聞いて，漢字とピンインで書いてみましょう。 🔊
117

漢字 _____　　ピンイン _____

漢字 _____　　ピンイン _____

次の日本語を中国語に訳してみましょう。

あなたたちは何を調べますか。

_____

彼女は何を探しますか。

_____

あなたは何を描きますか。

_____

基本文型

あなたは何の飲み物を飲みますか。

◉ 118

你喝什么饮料?

Nǐ hē shénme yǐnliào?

 疑問詞"什么"を名詞の前に直接つけ，「なんの～，どういう～」の意味を表します。

文の構造を確認してみましょう。（述語を中心に）

喝

喝～饮料

喝什么饮料

你喝什么饮料

◉ 119

	漢字		ピンイン	意味
1	饮料	名	yǐnliào	飲み物
2	穿	動	chuān	着る，履く
3	鞋	名	xié	くつ
4	书	名	shū	本
5	名字	名	míngzi	名前
6	菜	名	cài	料理

中国語の漢字を確認してみましょう。

书　书　书　书　书

以下の質問を完成させましょう。

你穿什么(　　　　)? ⇒ ....

你看什么(　　　　)? ⇒ ....

日本語の意味に合うように，語順を並べ替えてみましょう。

お名前は何と言いますか。
[你 / 名字 / 什么 / 叫]

....

あなたは何料理を食べるのが好きですか。
[喜欢 / 吃 / 你 / 菜 / 什么]

....

音声を聞いて，漢字とピンインで書いてみましょう。
🔊 120

漢字 ....　　　ピンイン ....

漢字 ....　　　ピンイン ....

次の日本語を中国語に訳してみましょう。

あなたは何の果物を買いますか。

....

あなたのお父さんは何のお酒を飲むのが好きですか。

....

あなたは何の洋服を着ますか。

....

79

（10点満点）

●次の日本語を中国語に訳してみましょう。

① ノート　　　　　▶
_____

② それとも　　　　▶
_____

③ おもしろい　　　▶
_____

④ 疲れている　　　▶
_____

⑤ なに　　　　　　▶
_____

⑥ 水ギョーザ　　　▶
_____

⑦ かわいい　　　　▶
_____

⑧ 腕時計　　　　　▶
_____

⑨ 売る　　　　　　▶
_____

⑩ 飲み物　　　　　▶
_____

（10点満点）

●次の日本語を中国語に訳してみましょう。

① お名前は何と言いますか。

_____

② マーボー豆腐は辛いですか。（反復疑問文）

_____

③ 日本料理は脂っこくありません。

_____

④ 中国語が難しいですかそれとも英語が難しいですか。

_____

⑤ これはあなたの腕時計ですか。（反復疑問文）

_____

⑥ 彼は太っていません。

_____

⑦ あなたのお父さんは何のお酒を飲むのが好きですか。

_____

⑧ 犬がかわいいですかそれとも猫がかわいいですか。

_____

⑨ 焼きショーロンポーもとてもおいしいです。

_____

⑩ あなたは何を描きますか。

_____

基本文型

今日は火曜日です。

🔊 118

今天星期二。

Jīntiān xīngqī'èr.

名詞述語文①曜日。名詞が述語になる文を「名詞述語文」と言います。すべての名詞が述語になるのではなく，一部の名詞だけが述語になれます。名詞のみで述語として使われるのは肯定形や疑問形です。

🔊 122

一	二	三	四	五	六	七	八	九	十
yī	èr	sān	sì	wǔ	liù	qī	bā	jiǔ	shí

文の構造を確認してみましょう。（述語を中心に）

星期二

今天 星期二

🔊 123

	漢字		ピンイン	意味
1	今天	名	jīntiān	今日
2	星期二	名	xīngqī'èr	火曜日
3	昨天	名	zuótiān	昨日
4	后天	名	hòutiān	あさって
5	明天	名	míngtiān	明日
6	星期天	名	xīngqītiān	日曜日

中国語の漢字を確認してみましょう。

后天　后　后　后　后　后　后

月曜日・　　　　　　　・星期三
火曜日・　　　　　　　・星期四
水曜日・　　　　　　　・星期五
木曜日・　　　　　　　・星期一
金曜日・　　　　　　　・星期六
土曜日・　　　　　　　・星期二

カレンダーを参考に，数字を入れてみましょう。

昨天星期 ⋯⋯⋯⋯⋯⋯⋯⋯⋯⋯⋯⋯⋯⋯⋯⋯⋯⋯ 。

后天星期 ⋯⋯⋯⋯⋯⋯⋯⋯⋯⋯⋯⋯⋯⋯⋯⋯⋯⋯ 。

月	火	水	木	金	土	日
		1	2	3	4	5
6	7	8	9	10	11	12
13	14	15	16	17	18	19
20	21	22	23	24	25	26
27	28	29	30	31		

音声を聞いて，漢字とピンインで書いてみましょう。 🔊
124

漢字 ⋯⋯⋯⋯⋯⋯⋯⋯⋯⋯⋯⋯⋯⋯　　　　ピンイン ⋯⋯⋯⋯⋯⋯⋯⋯⋯⋯⋯⋯⋯

漢字 ⋯⋯⋯⋯⋯⋯⋯⋯⋯⋯⋯⋯⋯⋯　　　　ピンイン ⋯⋯⋯⋯⋯⋯⋯⋯⋯⋯⋯⋯⋯

次の日本語を中国語に訳してみましょう。

あさっては日曜日です。

⋯⋯⋯⋯⋯⋯⋯⋯⋯⋯⋯⋯⋯⋯⋯⋯⋯⋯⋯⋯⋯⋯⋯⋯⋯⋯⋯⋯⋯⋯⋯⋯⋯⋯⋯⋯

昨日は金曜日でした。

⋯⋯⋯⋯⋯⋯⋯⋯⋯⋯⋯⋯⋯⋯⋯⋯⋯⋯⋯⋯⋯⋯⋯⋯⋯⋯⋯⋯⋯⋯⋯⋯⋯⋯⋯⋯

今日は水曜日です。

⋯⋯⋯⋯⋯⋯⋯⋯⋯⋯⋯⋯⋯⋯⋯⋯⋯⋯⋯⋯⋯⋯⋯⋯⋯⋯⋯⋯⋯⋯⋯⋯⋯⋯⋯⋯

基本文型

おとといは11月20日でした。

◀))
125

前天<mark>十一月二十号</mark>。

Qiántiān shíyī yuè èrshí hào.

 名詞述語文②日にち（月日）。こちらも肯定形や疑問形の場合は，名詞だけで述語として使われます。

◀))
126

十一	十二	十三	十四	五十	六十	八十一
shíyī	shí'èr	shísān	shísì	wǔshí	liùshí	bāshiyī

文の構造を確認してみましょう。（述語を中心に）

十一月二十号

前天 十一月二十号

◀))
127

	漢字		ピンイン	意味
1	前天	名	qiántiān	おととい
2	十一	数	shíyī	11
3	月	名	yuè	月
4	二十	数	èrshí	20
5	号	量	hào	〜日（口語的）
6	日	名	rì	〜日

中国語の漢字を確認してみましょう。

鞋　鞋 鞋 鞋 鞋 鞋 鞋 鞋 鞋 鞋
鞋 鞋 鞋 鞋 鞋 鞋

今天　　　　月　　　　号。

前天　　　　月　　　　号。

12						
月	火	水	木	金	土	日
		1	2	3	4	5
6	7	8	9	10	11	12
13	14	15	16	17	18	19
20	21	22	23	24	25	26
27	28	29	30	31		

明日は8月15日です。
［月 / 十五 / 明天 / 号 / 八］

おとといは10月1日でした。
［十 / 前天 / 日 / 月 / 一］

128

漢字　　　　　　　　　　　　　　　ピンイン

漢字　　　　　　　　　　　　　　　ピンイン

今日は11月19日です。

明日は3月16日です。

昨日は4月29日でした。

基本文型

今年は2023年です。

))) 129

今年二〇二三年。

Jīnnián èr líng èr sān nián.

名詞述語文③年の言い方。こちらも同じように，肯定形や疑問形の場合は，名詞だけで述語として用いることができます。

))) 130

一百	一千	一万	一亿	一千二	一千零二
yìbǎi	yìqiān	yíwàn	yíyì	yìqiān èr	yìqiān líng èr

文の構造を確認してみましょう。（述語を中心に）

二〇二三年

今年 二〇二三年

))) 131

	漢字		ピンイン	意味
1	今年	名	jīnnián	今年
2	〇（零）	数	líng	ゼロ
3	年	名	nián	年
4	去年	名	qùnián	去年
5	明年	名	míngnián	来年
6	后年	名	hòunián	再来年

中国語の漢字を確認してみましょう。

书包　包　包　包　包　包

86

カレンダーを参考に，数字を入れてみましょう。

去年 _____ 。

明年 _____ 。

2023

2022 | 2024

日本語の意味に合うように，語順を並べ替えてみましょう。

去年は 2020 年でした。
［年 / 去年 / 二〇二〇］

_____

再来年は 2024 年です。
［二〇二四 / 后年 / 年］

_____

音声を聞いて，漢字とピンインで書いてみましょう。

🔊
132

漢字 _____ ピンイン _____

漢字 _____ ピンイン _____

次の日本語を中国語に訳してみましょう。

去年は 2018 年でした。

_____

来年は 2024 年です。

_____

再来年は 2025 年です。

_____

いまは 2 時 15 分です。

🔊 133

现在两点一刻。

Xiànzài liǎng diǎn yíkè.

🐼 名詞述語文④時間の言い方。こちらも肯定形や疑問文の場合は，名詞だけで述語として用いることができます。

文の構造を確認してみましょう。（述語を中心に）

两点一刻 ↰

现在 两点一刻

🔊 134

	漢字		ピンイン	意味
1	现在	名	xiànzài	いま
2	两	数	liǎng	2
3	点	量	diǎn	～時
4	一刻		yíkè	15分
5	三刻		sānkè	45分
6	差	動	chà	足りない

中国語の漢字を確認してみましょう。

两点 两 两 两 两 两 两 两

線で結んでみましょう。

　・　　　　　　　・　　　　　　　・

六点三刻　　　九点一刻　　　差五分十点

日本語の意味に合うように，語順を並べ替えてみましょう。

いまは 11 時 15 分です。

［十一 / 現在 / 一刻 / 点］

いまは 8 時 45 分です。

［点 / 現在 / 八 / 三刻］

音声を聞いて，漢字とピンインで書いてみましょう。　
135

漢字		ピンイン	
漢字		ピンイン	

次の日本語を中国語に訳してみましょう。

いまは 2 時 15 分です。

いまは 7 時 5 分前です。

いまは 10 時 45 分です。

基本文型

王さんは 18 歳です。

◀))
136

小王十八岁。

Xiǎo-Wáng shíbā suì.

 名詞述語文⑤年齢の言い方。こちらも肯定形や疑問文の場合は，名詞だけで述語になれます。

文の構造を確認してみましょう。（述語を中心に）

十八岁

小王十八岁

◀))
137

	漢字		ピンイン	意味
1	小	形	xiǎo	～さん
2	岁	量	suì	～歳
3	叔叔	名	shūshu	（父方の）叔父
4	佐藤	名	Zuǒténg	佐藤（苗字）
5	孩子	名	háizi	子供
6	朋友	名	péngyou	友達

中国語の漢字を確認してみましょう。

十岁　岁　岁　岁　岁　岁　岁

次の中国語を日本語に訳してみましょう。
138

我爸爸四十五岁。

我叔叔今年三十八岁。

日本語の意味に合うように，語順を並べ替えてみましょう。

佐藤さんの子供は 15 歳です。
［佐藤 / 十五 / 孩子 / 的 / 岁］

私の兄の友達は 21 歳です。
［的 / 二十一 / 朋友 / 岁 / 我哥哥］

音声を聞いて，漢字とピンインで書いてみましょう。
139

漢字   ピンイン

漢字   ピンイン

次の日本語を中国語に訳してみましょう。

私は今年 18 歳です。

姉の子供は 12 歳です。

私のお父さんは 40 歳です。

基本文型

明日は土曜日ではありません。

🔊 140

明天**不是星期六**。

Míngtiān bú shì xīngqīliù.

名詞述語文を否定形で用いる場合，名詞をそのまま否定することはできません。必ず名詞の前に動詞"是"をつけて，さらに"不是"のように，"不"で否定します。

文の構造を確認してみましょう。（述語を中心に）

星期六

不是 星期六

明天不是 星期六

🔊 141

	漢字		ピンイン	意味
1	大前天	名	dàqiántiān	さきおととい
2	老	形	lǎo	～さん
3	侄子	名	zhízi	甥
4	大后天	名	dàhòutiān	しあさって
5	同事	名	tóngshì	同僚
6	张	名	Zhāng	張（苗字）

中国語の漢字を確認してみましょう。

侄子 　侄　侄　侄　侄　侄　侄　侄　侄

例に倣って，次の肯定文を否定文に直してみましょう。

例：昨天星期二。 ⇒ 昨天不是星期二。

前天九月十一号。　　　⇒ 否定文：_____

今年二〇二四年。　　　⇒ 否定文：_____

老王的侄子二十一岁。 ⇒ 否定文：_____

日本語の意味に合うように，語順を並べ替えてみましょう。

今は8時15分ではありません。
[不 / 现在 / 八点 / 是 / 一刻]

_____

しあさっては5月6日ではありません。
[号 / 六 / 大后天 / 是 / 月 / 不 / 五]

_____

音声を聞いて，漢字とピンインで書いてみましょう。　　⏺ 142

漢字 _____　　　　ピンイン _____

漢字 _____　　　　ピンイン _____

次の日本語を中国語に訳してみましょう。

同僚の子供は18歳ではありません。

_____

張さんは50歳ではありません。

_____

昨日は木曜日ではありませんでした。

_____

_____月_____日

（10点満点）

●次の日本語を中国語に訳してみましょう。

① 10時15分　　　▶

_____

② あさって　　　▶

_____

③ 子供　　　▶

_____

④ 20歳　　　▶

_____

⑤ いま　　　▶

_____

⑥ 金曜日　　　▶

_____

⑦ おととい　　　▶

_____

⑧ 2時　　　▶

_____

⑨ 来年　　　▶

_____

⑩ 3時5分前　　　▶

_____

（10点満点）

●次の日本語を中国語に訳してみましょう。

① 今日は 3 月 3 日です。

_____

② 彼女のお兄さんは 25 歳です。

_____

③ 昨日は月曜日でした。

_____

④ いまは 4 時 15 分ではありません。

_____

⑤ おとといは 5 月 5 日でした。

_____

⑥ 明日は土曜日ではありません。

_____

⑦ あさっては 12 月 30 日です。

_____

⑧ おととしは 2020 年でした。

_____

⑨ 今年は 2022 年ではありません。

_____

⑩ いまは 9 時 45 分です。

_____

基本文型

私はチケットを1枚買います。

🔊 143

我买一张票。

Wǒ mǎi yì zhāng piào.

"张"は「紙」のような，平面または面の広い物などを数える時に使われる「名量詞」（助数詞）です。「数詞＋量詞＋名詞」という形で使われます。中国語には量詞がたくさんあり，使用頻度も高いので，しっかり覚えましょう。

文の構造を確認してみましょう。（述語を中心に）

买

买～票

买一张票

我买一张票

🔊 144

	漢字		ピンイン	意味
1	张	量	zhāng	枚，紙などを数える
2	票	名	piào	チケット
3	件	量	jiàn	衣類などを数える
4	个	量	ge	個，様々なものや人などを数える
5	本	量	běn	冊，本などを数える
6	苹果	名	píngguǒ	リンゴ

中国語の漢字を確認してみましょう。

张　张　张　张　张　张　张

（　　　）内に量詞（助数詞）を入れてみましょう。

(1) 她买三（　　　）票。　　　(2) 我买两（　　　）衣服。

(3) 他吃一（　　　）苹果。　　　(4) 我买一（　　　）词典。

日本語の意味に合うように，語順を並べ替えてみましょう。

彼はチケットを2枚買います。
［张 / 他 / 两 / 票 / 买］

彼女はリンゴを1個食べます。
［她 / 个 / 吃 / 苹果 / 一］

音声を聞いて，漢字とピンインで書いてみましょう。

145

漢字 _____　　　ピンイン _____

漢字 _____　　　ピンイン _____

次の日本語を中国語に訳してみましょう。

彼女は洋服を3枚買います。

私は中日辞典を1冊買います。

彼はリンゴを2個食べます。

基本文型

彼女はミカンを1.5キロ買います。

🔊 146

她买三**斤**橘子。

Tā mǎi sān jīn júzi.

 "斤"は重さの単位を表し，"1斤"は「500グラム」に相当します。中国では"斤"と"公斤 gōngjīn"の両方が使われています。正式標記には"公斤"が用いられますが，ばら売りなどの時はよく"斤"が使用されます。「2キロ」と言う場合は"两公斤"になります。

文の構造を確認してみましょう。（述語を中心に）

买

买〜橘子

买三斤橘子

她买三斤橘子

🔊 147

	漢字		ピンイン	意味
1	斤	量	jīn	重さの単位。500グラム
2	橘子	名	júzi	ミカン
3	枝	量	zhī	本，棒状のものを数える
4	养	動	yǎng	飼う
5	只	量	zhī	（小さい，かわいい）動物を数える
6	公斤	量	gōngjīn	重さの単位。キログラム

中国語の漢字を確認してみましょう。

圆珠笔　圆　圆　圆　圆　圆　圆　圆　圆　圆　圆

（　　）内に量詞（助数詞）を入れてみましょう。

⑴ 我买三（　　　　）橘子。　　⑵ 他买一（　　　　）圆珠笔。

⑶ 她养一（　　　　）猫。　　⑷ 我买两（　　　　）苹果。

日本語の意味に合うように，語順を並べ替えてみましょう。

私はボールペンを 2 本買います。
［枝 / 我 / 两 / 买 / 圆珠笔］

母は猫を 1 匹飼います。
［妈妈 / 只 / 养 / 猫 / 一］

音声を聞いて，漢字とピンインで書いてみましょう。 🔊 148

漢字 ....　　ピンイン ....

漢字 ....　　ピンイン ....

次の日本語を中国語に訳してみましょう。

姉はボールペンを 2 本買います。

彼女はミカンを1.5キロ買います。

彼も猫を（1匹）飼います。

基本文型

このスカートはとても安いです。

149

这条裙子很便宜。

Zhèi tiáo qúnzi hěn piányi.

「このスカート」のように，「この〜，その〜」を使って人や事物を指し示す時，中国語は「"这／那"＋数詞＋量詞＋名詞」の形式を用います。数詞が「一」の場合は省略可能です。"这一条裙子"が"这条裙子"になります。

文の構造を確認してみましょう。（述語を中心に）

便宜

很便宜

裙子很便宜

这条裙子很便宜

150

	漢字		ピンイン	意味
1	条	量	tiáo	ズボンなどを数える
2	裙子	名	qúnzi	スカート
3	双	量	shuāng	靴などを数える
4	骑	動	qí	乗る
5	辆	量	liàng	車両を数える
6	自行车	名	zìxíngchē	自転車

中国語の漢字を確認してみましょう。

裙子　裙 裙 裙 裙 裙 裙 裙 裙 裙 裙 裙

(　)内に量詞（助数詞）を入れてみましょう。

我买这（　　　）裙子。

她穿那（　　　）鞋。

这（　　　）圆珠笔很便宜。

日本語の意味に合うように，語順を並べ替えてみましょう。

私はこの靴を履きます。
［我 / 这 / 穿 / 鞋 / 双］

＿＿＿＿＿＿＿＿＿＿＿＿＿＿＿＿＿＿＿＿＿＿＿＿＿

あの猫はとてもかわいいです。
［那 / 猫 / 只 / 可爱 / 很］

＿＿＿＿＿＿＿＿＿＿＿＿＿＿＿＿＿＿＿＿＿＿＿＿＿

音声を聞いて，漢字とピンインで書いてみましょう。　🔊
151

漢字 　　　　　　　　　　　　　　　ピンイン

漢字 　　　　　　　　　　　　　　　ピンイン

次の日本語を中国語に訳してみましょう。

この雑誌はとても面白いです。

＿＿＿＿＿＿＿＿＿＿＿＿＿＿＿＿＿＿＿＿＿＿＿＿＿

私はこの自転車に乗ります。

＿＿＿＿＿＿＿＿＿＿＿＿＿＿＿＿＿＿＿＿＿＿＿＿＿

この靴は（値段が）高いですか。（反復疑問文）

＿＿＿＿＿＿＿＿＿＿＿＿＿＿＿＿＿＿＿＿＿＿＿＿＿

基本文型

あなたはチョコレートを何個食べますか。

🔊 152

你吃几块巧克力?

Nǐ chī jǐ kuài qiǎokèlì?

 "几"は疑問詞です。「"几"＋量詞」の形で，答えになる数量の上限が 10 以下であろうと推測し，数量などを尋ねる時に用いられます。

文の構造を確認してみましょう。（述語を中心に）

吃

吃〜巧克力

吃几块巧克力

你吃几块巧克力

🔊 153

	漢字		ピンイン	意味
1	几	代	jǐ	いくつ，どのぐらい
2	块	量	kuài	塊状のものを数える
3	巧克力	名	qiǎokèlì	チョコレート
4	蛋糕	名	dàngāo	ケーキ
5	画儿	名	huàr	絵
6	杯	量	bēi	〜杯，コップなどの容器で液体の量を数える

中国語の漢字を確認してみましょう。

画儿 画 画 画 画 画 画 画 画

例に倣って，質問文を作ってみましょう。

例：我吃一个苹果。⇒ 你吃几个苹果?

我吃两块蛋糕。⇒ _____

我画一张画儿。⇒ _____

日本語の意味に合うように，語順を並べ替えてみましょう。

彼は料理をいくつ作りますか。
[他 / 几 / 做 / 菜 / 个]

_____

あなたはコーヒーを何杯飲みますか。
[咖啡 / 喝 / 几 / 你 / 杯]

_____

音声を聞いて，漢字とピンインで書いてみましょう。 🔊 154

漢字 _____ ピンイン _____

漢字 _____ ピンイン _____

次の日本語を中国語に訳してみましょう。

あなたは絵を何枚描きますか。

_____

あなたはボールペンを何本買いますか。

_____

あなたはケーキを何個食べますか。

_____

103

月　　　日

基本文型

王先生の娘さんはイギリスにいます。

155

王老师的女儿在英国。

Wáng lǎoshī de nǚ'ér zài Yīngguó.

"在"は所在を表す動詞で,「いる，ある」の意味を表します。「人・もの＋"在"＋場所」の形で用いられます。

文の構造を確認してみましょう。（述語を中心に）

在

在 英国

女儿 在 英国

王老师的女儿 在 英国

156

	漢字		ピンイン	意味
1	女儿	名	nǚ'ér	娘
2	在	動	zài	いる，ある
3	英国	名	Yīngguó	イギリス
4	大阪	名	Dàbǎn	大阪
5	东京	名	Dōngjīng	東京
6	家	名	jiā	家

中国語の漢字を確認してみましょう。

东京　东　东　东　东　东

次の中国語を日本語に訳してみましょう。

我姐姐在大阪。

_____

哥哥的女儿在东京。

_____

日本語の意味に合うように，語順を並べ替えてみましょう。

私の妹はイギリスにいます。
［在 / 妹妹 / 我 / 英国］

_____

お父さんとお母さんは皆家にいます。
［家 / 爸爸 / 和 / 在 / 妈妈 / 都］

_____

音声を聞いて，漢字とピンインで書いてみましょう。 158

漢字 _____   ピンイン _____

漢字 _____   ピンイン _____

次の日本語を中国語に訳してみましょう。

彼女はアメリカにいます。

_____

姉の娘は中国にいます。

_____

兄と妹は皆東京にいます。

_____

基本文型

マネージャーは事務室にいません。

🔊 159

经理不在办公室。

Jīnglǐ bú zài bàngōngshì.

 動詞"在"の否定は"不在"です。「"不"＋"在"＋場所」の形で使われ，「ない，いない」の意味を表します。

文の構造を確認してみましょう。（述語を中心に）

在

在 办公室

不在 办公室

经理不在 办公室

🔊 160

	漢字		ピンイン	意味
1	经理	名	jīnglǐ	マネージャー
2	办公室	名	bàngōngshì	事務室
3	儿子	名	érzi	息子
4	北海道	名	Běihǎidào	北海道
5	教室	名	jiàoshì	教室
6	京都	名	Jīngdū	京都

中国語の漢字を確認してみましょう。

办公室 办 办 办 办

次の中国語を日本語に訳してみましょう。 161

经理的儿子不在东京。

她不在北海道。

日本語の意味に合うように，語順を並べ替えてみましょう。

先生は教室にいません。
［教室 / 在 / 老师 / 不］

私の弟は家にいません。
［在 / 我 / 不 / 家 / 弟弟］

音声を聞いて，漢字とピンインで書いてみましょう。 162

漢字 _____ ピンイン _____

漢字 _____ ピンイン _____

次の日本語を中国語に訳してみましょう。

兄の息子は京都にいません。

お母さんは家にいません。

彼女は図書館にいません。

（10点満点）

●次の日本語を中国語に訳してみましょう。

① ミカン　　　　　　　▶

② 絵　　　　　　　　　▶

③ スカート　　　　　　▶

④ チケット　　　　　　▶

⑤ チョコレート　　　　▶

⑥ 息子　　　　　　　　▶

⑦ キログラム　　　　　▶

⑧ 自転車　　　　　　　▶

⑨ イギリス　　　　　　▶

⑩ リンゴ　　　　　　　▶

（10点満点）

●次の日本語を中国語に訳してみましょう。

① 彼女は洋服を3枚買います。

_____

② あなたはボールペンを何本買いますか。

_____

③ 彼は料理をいくつ作りますか。

_____

④ 私はこの靴を履きます。

_____

⑤ あのスカートはとても安いです。

_____

⑥ お母さんは家にいません。

_____

⑦ あなたはコーヒーを何杯飲みますか。

_____

⑧ 彼は雑誌を2冊借ります。

_____

⑨ 王先生の娘さんはイギリスにいます。

_____

⑩ 私はこの自転車に乗ります。

_____

基本文型

私の家は駅の近くにあります。

🔊 163

我家在车站附近。

Wǒ jiā zài chēzhàn fùjìn.

人称代名詞の後ろに所属関係を表す名詞が来る場合，"我＋家"のように，"的"が省略される形で使われます。「人称代名詞＋"大学 / 公司"」の場合は，"我＋大学 / 公司"ではなく，"我们＋大学 / 公司"のように人称代名詞（複数）を使います。

文の構造を確認してみましょう。（述語を中心に）

在

在～附近

在车站附近

我家在车站附近

🔊 164

	漢字		ピンイン	意味
1	车站	名	chēzhàn	駅
2	附近	名	fùjìn	近く，付近
3	大学	名	dàxué	大学
4	系	名	xì	学部
5	小	形	xiǎo	小さい
6	干净	形	gānjìng	清潔だ，綺麗だ

中国語の漢字を確認してみましょう。

单位　单　单　单　单　单　单　单　单

次の中国語を日本語に訳してみましょう。 165

我们大学很大。

他也是我们系的学生。

日本語の意味に合うように，語順を並べ替えてみましょう。

私たちの会社も駅の近くにあります。
[车站 / 我们 / 也 / 公司 / 附近 / 在]

彼女の家は東京にありません。
[在 / 她 / 不 / 家 / 东京]

音声を聞いて，漢字とピンインで書いてみましょう。 166

漢字 　　　　　　　　　　　　　　ピンイン

漢字 　　　　　　　　　　　　　　ピンイン

次の日本語を中国語に訳してみましょう。

彼らの学校は駅の近くにありません。

私たちの学部の事務室はとても小さいです。

彼女の家はとても清潔です。

基本文型

今日の新聞はここにあります。

🔊 167

今天的报纸在这儿。

Jīntiān de bàozhǐ zài zhèr.

 "这儿"は場所を表す指示詞です。"这儿"のほかに,「そこ，あそこ」を意味する "那儿 nàr" があります。

文の構造を確認してみましょう。（述語を中心に）

在

在 这儿

报纸 在 这儿

今天的报纸 在 这儿

🔊 168

	漢字		ピンイン	意味
1	报纸	名	bàozhǐ	新聞
2	这儿	代	zhèr	ここ
3	笔记本电脑	名	bǐjìběn diànnǎo	ノートパソコン
4	那儿	代	nàr	そこ，あそこ
5	杯子	名	bēizi	コップ
6	美术馆	名	měishùguǎn	美術館

中国語の漢字を確認してみましょう。

报纸　报　报　报　报　报　报　报

次の中国語を日本語に訳してみましょう。

你的笔记本电脑在这儿。

_____

车站在那儿。

_____

日本語の意味に合うように，語順を並べ替えてみましょう。

中日辞典はここにあります。
[在 / 中日词典 / 这儿]

_____

あなたのコップはあそこにあります。
[那儿 / 你 / 的 / 在 / 杯子]

_____

音声を聞いて，漢字とピンインで書いてみましょう。 170

漢字 _____   ピンイン _____

漢字 _____   ピンイン _____

次の日本語を中国語に訳してみましょう。

美術館はあそこにあります。

_____

昨日の新聞はここにありません。

_____

あなたの自転車はそこにあります。

_____

基本文型

トイレはどこにありますか。

🔊 171

厕所在哪儿?

Cèsuǒ zài nǎr?

🐼 "哪儿"は"这儿、那儿"と同じように，場所を表す指示詞ですが，「どこ」という疑問の意味を表します。

文の構造を確認してみましょう。（述語を中心に）

在

在哪儿

厕所在哪儿

🔊 172

	漢字		ピンイン	意味
1	厕所	名	cèsuǒ	トイレ
2	哪儿	代	nǎr	どこ
3	钥匙	名	yàoshi	鍵
4	电视	名	diànshì	テレビ
5	遥控器	名	yáokòngqì	リモコン
6	眼镜儿	名	yǎnjìngr	メガネ

中国語の漢字を確認してみましょう。

厕所 厕 厕 厕 厕 厕 厕 厕 厕

次の中国語を日本語に訳してみましょう。 🔊 173

钥匙在哪儿?

_____

她去哪儿?

_____

日本語の意味に合うように，語順を並べ替えてみましょう。

テレビのリモコンはどこにありますか。
[电视 / 哪儿 / 的 / 在 / 遥控器]

_____

あなたの弟はどこに行きますか。
[你 / 哪儿 / 去 / 弟弟]

_____

音声を聞いて，漢字とピンインで書いてみましょう。 🔊 174

漢字 _____ ピンイン _____

漢字 _____ ピンイン _____

次の日本語を中国語に訳してみましょう。

あなたのお姉さんはどこに行きますか。

_____

カギはどこにありますか。

_____

(父方の) 祖父のメガネはどこにありますか。

_____

基本文型

病院は駅から遠くありません。

🔊 175

医院离车站不远。

Yīyuàn lí chēzhàn bù yuǎn.

“离”は距離（や時間）の隔たりの基準点を示す時に用いられ，日本語では「～から」と訳されます。基準点となる場所（や時間）は“离”の後ろに置きます。

文の構造を確認してみましょう。（述語を中心に）

远 ⤵
不远 ⤵
离车站不远 ⤵
医院离车站不远 ⤵

🔊 176

	漢字		ピンイン	意味
1	医院	名	yīyuàn	病院
2	离	前	lí	～から
3	远	形	yuǎn	遠い
4	便利店	名	biànlìdiàn	コンビニ
5	近	形	jìn	近い
6	食堂	名	shítáng	食堂

中国語の漢字を確認してみましょう。

 远　远　远　远　远　远　远

次の中国語を日本語に訳してみましょう。
177

英国离美国远不远?

我家离便利店很近。

日本語の意味に合うように，語順を並べ替えてみましょう。

彼の家は図書館からとても近いです。
[离 / 他 / 很 / 图书馆 / 近 / 家]

教室は食堂から遠いですか。
[食堂 / 吗 / 教室 / 离 / 远]

音声を聞いて，漢字とピンインで書いてみましょう。
178

漢字　　　　　　　　　　　　　ピンイン

漢字　　　　　　　　　　　　　ピンイン

次の日本語を中国語に訳してみましょう。

あなたの家はスーパーマーケットから近いですか。(反復疑問文)

トイレはここから遠いですか。

私の家は会社からとても近いです。

基本文型

彼の家の庭はものすごく大きいです。

🔊 179

他家的院子大极了。

Tā jiā de yuànzi dà jíle.

🐼 "极了"は「形容詞＋"极了"」の形で用いられ，「ものすごく」という程度の意味を表します。

文の構造を確認してみましょう。（述語を中心に）

大

大 极了

院子 大 极了

他家的院子 大 极了

180

	漢字		ピンイン	意味
1	院子	名	yuànzi	庭
2	极了		jíle	ものすごく，あまりにも
3	客厅	名	kètīng	リビングルーム
4	宽敞	形	kuānchang	ひろびろとした，広い
5	好喝	形	hǎohē	（飲み物）おいしい
6	意大利面	名	yìdàlìmiàn	スパゲッティ

中国語の漢字を確認してみましょう。

宽敞　宽　宽　宽　宽　宽　宽　宽　宽　宽　宽

她家的客厅宽敞极了。

日本的漫画有意思极了。

日本語の意味に合うように，語順を並べ替えてみましょう。

私たちの学校の図書館はものすごく大きいです。
［图书馆 / 我们 / 大 / 的 / 学校 / 极了］

彼の家は会社からものすごく遠いです。
［极了 / 家 / 他 / 远 / 公司 / 离］

音声を聞いて，漢字とピンインで書いてみましょう。 🔊 182

漢字 _____ ピンイン _____

漢字 _____ ピンイン _____

次の日本語を中国語に訳してみましょう。

コーヒーはものすごくおいしいです。

私の家は学校からものすごく遠いです。

スパゲッティはものすごくおいしいです。

基本文型

南京は夏がとても暑いです。

))) 183

南京夏天很热。

Nánjīng xiàtiān hěn rè.

 中国語では"南京夏天很热"という文を主述述語文と言います。日本語の「象は鼻が長い」と似たような構文で，「〜は〜が〜」の意味を表します。

文の構造を確認してみましょう。（述語を中心に）

热

很热

夏天很热

南京夏天很热

))) 184

	漢字		ピンイン	意味
1	南京	名	Nánjīng	南京
2	夏天	名	xiàtiān	夏
3	热	形	rè	暑い
4	身体	名	shēntǐ	体
5	好	形	hǎo	よい
6	忙	形	máng	忙しい

中国語の漢字を確認してみましょう。

 热 热 热 热 热 热 热 热 热 热

次の中国語を日本語に訳してみましょう。 185

东京夏天也很热。

我奶奶身体好极了。

日本語の意味に合うように，語順を並べ替えてみましょう。

弟は仕事がとても忙しいです。
［忙 / 弟弟 / 很 / 工作］

北海道は夏が暑くありません。
［热 / 夏天 / 不 / 北海道］

音声を聞いて，漢字とピンインで書いてみましょう。 186

漢字 _____ ピンイン _____

漢字 _____ ピンイン _____

次の日本語を中国語に訳してみましょう。

京都は夏がとても暑いです。

彼女はとても元気です。（彼女は体がとてもいいです）

私の姉は仕事がとても忙しいです。

月　　　日

（10点満点）

●次の日本語を中国語に訳してみましょう。

① 学部　　　　　　　　▶
_____

② リビングルーム　　　▶
_____

③ リモコン　　　　　　▶
_____

④ 清潔だ　　　　　　　▶
_____

⑤ コップ　　　　　　　▶
_____

⑥ トイレ　　　　　　　▶
_____

⑦ スパゲッティ　　　　▶
_____

⑧ 暑い　　　　　　　　▶
_____

⑨ ノートパソコン　　　▶
_____

⑩ （飲み物）おいしい　▶
_____

（10点満点）

●次の日本語を中国語に訳してみましょう。

① 病院は駅から遠くありません。

② 私の姉は仕事がとても忙しいです。

③ 日本料理はものすごくおいしいです。

④ 彼はどこに行きますか。

⑤ 私の家は駅の近くにあります。

⑥ 昨日の新聞はここにありません。

⑦ 私の家は学校からものすごく遠いです。

⑧ 彼女は体がとてもいいです。

⑨ 彼の家の庭はものすごく大きいです。

⑩ カギはどこにありますか。

基本文型

兄はトレーニングルームに勤めています。

🔊 187

哥哥在健身房工作。

Gēge zài jiànshēnfáng gōngzuò.

“在”は動作・行為が行われる場所を表す前置詞です。「“在”＋場所＋動詞」の形で用いられ，「～で」という意味を表します。

文の構造を確認してみましょう。（述語を中心に）

工作

在健身房 工作

哥哥在健身房 工作

🔊 188

	漢字		ピンイン	意味
1	在	前	zài	～で，場所を表す
2	健身房	名	jiànshēnfáng	トレーニングルーム
3	学习	動	xuéxí	勉強する
4	银行	名	yínháng	銀行
5	打电话		dǎ diànhuà	電話をかける
6	药店	名	yàodiàn	薬局

中国語の漢字を確認してみましょう。

打电话 　话 话 话 话 话 话 话
话

次の中国語を日本語に訳してみましょう。

妹妹在图书馆学习。

___

弟弟在家做作业。

___

日本語の意味に合うように，語順を並べ替えてみましょう。

私の兄は銀行に勤めています。
[哥哥 / 在 / 我 / 工作 / 银行]

___

お母さんはリビングルームで電話をかけます。
[客厅 / 妈妈 / 打电话 / 在]

___

音声を聞いて，漢字とピンインで書いてみましょう。

漢字　　　　　　　　　　　　　　　　ピンイン

漢字　　　　　　　　　　　　　　　　ピンイン

次の日本語を中国語に訳してみましょう。

友達もジムで働いています。

___

私は図書館で宿題をします。

___

姉は薬局で働いています。

___

基本文型

お父さんは家で夕飯を食べません。

🔊 191

爸爸不在家吃晚饭。

Bàba bú zài jiā chī wǎnfàn.

場所を表す前置詞"在"を否定する時は，その前に否定副詞"不"を用います。日本語の「〜で〜しない」という意味を表します。

文の構造を確認してみましょう。（述語を中心に）

吃
吃 晚饭
在家吃 晚饭

不在家吃 晚饭
爸爸不在家吃 晚饭

🔊 192

	漢字		ピンイン	意味
1	晚饭	名	wǎnfàn	夕飯
2	锻炼	動	duànliàn	鍛える
3	幼儿园	名	yòu'éryuán	幼稚園
4	伊藤	名	Yīténg	伊藤
5	咖啡馆	名	kafeiguǎn	喫茶店
6	陈	名	Chén	陳（苗字）

中国語の漢字を確認してみましょう。

陈　陈 陈 陈 陈 陈 陈 陈

次の中国語を日本語に訳してみましょう。 193

我不在健身房锻炼身体。

妹妹不在客厅学习。

次の中国語の意味に合うように，語順を並べ替えてみましょう。

姉は幼稚園には勤めていません。
［姐姐 / 在 / 工作 / 不 / 幼儿园］

お父さんは家で朝ごはんを食べません。
［不 / 家 / 爸爸 / 吃 / 在 / 早饭］

音声を聞いて，漢字とピンインで書いてみましょう。 194

漢字 　　　　　　　　　　　　　　 ピンイン

漢字 　　　　　　　　　　　　　　 ピンイン

次の日本語を中国語に訳してみましょう。

伊藤さんは食堂でご飯を食べません。

お母さんは喫茶店でコーヒーを飲みません。

陳さんは家で夕飯を食べません。

基本文型

私はダウンジャケットを2着持っています。

🔊 195

我有两件羽绒服。

Wǒ yǒu liǎng jiàn yǔróngfú.

"有"は所有や存在の意味を表す動詞です。主語が人間を表す名詞の場合，"有"は所有の意味を表します。

文の構造を確認してみましょう。（述語を中心に）

有

有～羽绒服

有两件羽绒服

我有两件羽绒服

🔊 196

	漢字		ピンイン	意味
1	有	動	yǒu	ある，いる
2	羽绒服	名	yǔróngfú	ダウンジャケット
3	电影票	名	diànyǐngpiào	映画のチケット
4	导游手册	名	dǎoyóu shǒucè	ガイドブック
5	把	量	bǎ	傘など数える
6	雨伞	名	yǔsǎn	傘

中国語の漢字を確認してみましょう。

导游　　导　导　导　导　导　导

128

你有圆珠笔吗?

....

我有一本导游手册。

....

日本語の意味に合うように，語順を並べ替えてみましょう。

私は2個のカバンを持っています。
[有 / 我 / 两 / 书包 / 个]

....

彼には弟が2人います。
[他 / 个 / 有 / 弟弟 / 两]

....

音声を聞いて，漢字とピンインで書いてみましょう。 🔊 198

漢字 ....   ピンイン ....

漢字 ....   ピンイン ....

次の日本語を中国語に訳してみましょう。

あなたはノートパソコンを持っていますか。

....

私は傘を(1本)持っています。

....

王先生には娘さんが2人います。

....

私の家の近くには公園があります。

🔊 199

我家附近有一个公园。

Wǒ jiā fùjìn yǒu yí ge gōngyuán.

🐼 "有"が「場所表現・時間表現＋"有"＋存在する人や事物」という構文で用いられる場合は，「～に～がある，いる」という存在の意味を表します。

文の構造を確認してみましょう。（述語を中心に）

有

有～公园

有一个公园

我家附近有一个公园

🔊 200

	漢字		ピンイン	意味
1	公园	名	gōngyuán	公園
2	停车场	名	tíngchēchǎng	駐車場
3	加油站	名	jiāyóuzhàn	ガソリンスタンド
4	口	量	kǒu	（家族などの）人を数える
5	人	名	rén	人
6	家	量	jiā	銀行，商店などを数える

中国語の漢字を確認してみましょう。

附近　附　附　附　附　附　附　附

次の中国語を日本語に訳してみましょう。 201

停车场附近有加油站吗?

_____

我家有四口人。

_____

日本語の意味に合うように，語順を並べ替えてみましょう。

私たちの学校には図書館が2つあります。
［个 / 有 / 我们学校 / 两 / 图书馆］

_____

学校の近くに銀行が（1つ）あります。
［银行 / 一 / 学校 / 有 / 家 / 附近］

_____

音声を聞いて，漢字とピンインで書いてみましょう。 202

漢字 _____   ピンイン _____

漢字 _____   ピンイン _____

次の日本語を中国語に訳してみましょう。

駅の近くにはデパートが（1つ）あります。

_____

私の家の近くにはガソリンスタンドが（1つ）あります。

_____

あなたたちの会社には中国人がいますか。

_____

131

基本文型

私たちの会社には外国人がいません。

🔊 203

我们公司没有外国人。

Wǒmen gōngsī méiyǒu wàiguórén.

 "没有"は所有・存在を表す"有"の否定になります。"有"の否定には"不"は使わないので，気を付けましょう。

文の構造を確認してみましょう。（述語を中心に）

没有

没有外国人

我们公司没有外国人

🔊 204

	漢字		ピンイン	意味
1	没有	動	méiyǒu	ない
2	外国人	名	wàiguórén	外国人
3	兄弟姐妹	名	xiōngdì jiěmèi	兄弟姉妹
4	美容院	名	měiróngyuàn	美容院
5	电脑	名	diànnǎo	パソコン
6	沙发	名	shāfā	ソファー

中国語の漢字を確認してみましょう。

电**脑**　脑　脑　脑　脑　脑　脑　脑　脑
脑　脑

次の中国語を日本語に訳してみましょう。
205

我没有兄弟姐妹。

_____

我家没有停车场。

_____

日本語の意味に合うように，語順を並べ替えてみましょう。

私の家の近くには美容院がありません。
［没有 / 我家 / 美容院 / 附近］

_____

彼らの学部には中国人がいません。
［他们 / 中国人 / 系 / 没有］

_____

音声を聞いて，漢字とピンインで書いてみましょう。
206

漢字 _____   ピンイン _____

漢字 _____   ピンイン _____

次の日本語を中国語に訳してみましょう。

私はパソコンを持っていません。

_____

私の家にはソファーがありません。

_____

彼には兄弟姉妹がいません。

_____

基本文型

私はコカ・コーラを1本飲みました。

🔊 207

我喝了一瓶可口可乐。

Wǒ hēle yì píng kěkǒu kělè.

 "了"は動詞の後につき，動作がすでに実現済み，すなわち完了の意味を表します。完了を表す"了"は一般的に「動詞＋"了"＋数量表現＋名詞」のような形で用いられます。

文の構造を確認してみましょう。（述語を中心に）

喝

喝〜可口可乐

喝了一瓶可口可乐

我喝了一瓶可口可乐

🔊 208

	漢字		ピンイン	意味
1	了	助	le	完了を表す
2	瓶	量	píng	〜本，〜瓶
3	可口可乐	名	kěkǒu kělè	コカ・コーラ
4	参考书	名	cānkǎoshū	参考書
5	啤酒	名	píjiǔ	ビール
6	饺子	名	jiǎozi	ギョーザ

中国語の漢字を確認してみましょう。

啤酒　啤　啤　啤　啤　啤　啤　啤　啤
　　　啤　啤　啤

次の中国語を日本語に訳してみましょう。
209

我买了两本参考书。

爸爸喝了三杯啤酒。

日本語の意味に合うように，語順を並べ替えてみましょう。

私はギョーザを 6 個食べました。
[六 / 我 / 了 / 个 / 饺子 / 吃]

彼女は喫茶店でコーヒーを 2 杯飲みました。
[了 / 她 / 在 / 喝 / 杯 / 咖啡馆 / 两 / 咖啡]

音声を聞いて，漢字とピンインで書いてみましょう。
210

漢字 　　　　　　　　　　　　　　　ピンイン

漢字 　　　　　　　　　　　　　　　ピンイン

次の日本語を中国語に訳してみましょう。

お母さんはデパートで洋服を (1着) 買いました。

私はコカ・コーラを 3 杯飲みました。

彼は自転車を (1台) 買いました。

月 日

（10点満点）

●次の日本語を中国語に訳してみましょう。

① トレーニングルーム ▶

_____

② 喫茶店 ▶

_____

③ ダウンジャケット ▶

_____

④ コカ・コーラ ▶

_____

⑤ 夕飯 ▶

_____

⑥ ギョーザ ▶

_____

⑦ ガイドブック ▶

_____

⑧ 駐車場 ▶

_____

⑨ ガソリンスタンド ▶

_____

⑩ 電話をかける ▶

_____

（10点満点）

●次の日本語を中国語に訳してみましょう。

① 彼らの会社には中国人がいません。

_____

② 彼には弟が 2 人います。

_____

③ 私の兄は銀行に勤めています。

_____

④ お父さんは家で夕飯を食べません。

_____

⑤ 彼のお姉さんには子供が 3 人います。

_____

⑥ 彼女は喫茶店でコーヒーを 2 杯飲みました。

_____

⑦ 駅の近くにはデパートが（1つ）あります。

_____

⑧ 私の家は 5 人家族です。

_____

⑨ 妹は 2 個のカバンを持っています。

_____

⑩ 私は図書館で宿題をします。

_____

基本文型

私はフランス料理を食べたいです。

🔊 211

我想吃法国菜。

Wǒ xiǎng chī fǎguócài.

🐼 願望の意味を表す助動詞"想"は「"想"+動詞+(目的語)」の形で用いられ,「〜したい」という意味を表します。

文の構造を確認してみましょう。（述語を中心に）

吃

吃法国菜

想吃法国菜

我想吃法国菜

🔊 212

	漢字		ピンイン	意味
1	想	助動	xiǎng	〜したい
2	法国菜	名	fǎguócài	フランス料理
3	肉包子	名	ròubāozi	肉まん
4	摩托车	名	mótuōchē	オートバイ
5	毛衣	名	máoyī	セーター
6	铅笔	名	qiānbǐ	えんぴつ

中国語の漢字を確認してみましょう。

铅笔　铅　铅　铅　铅　铅　铅　铅　铅　铅　铅

213

你想吃肉包子吗？

弟弟想买一辆摩托车。

日本語の意味に合うように，語順を並べ替えてみましょう。

私はこのセーターを着たいです。
［这件 / 穿 / 我 / 想 / 毛衣］

私はえんぴつを(1本)買いたいです。
［我 / 买 / 铅笔 / 想 / 一枝］

音声を聞いて，漢字とピンインで書いてみましょう。
214

漢字 _____ ピンイン _____

漢字 _____ ピンイン _____

次の日本語を中国語に訳してみましょう。

私はコーヒーを(1杯)飲みたいです。

あなたは中国に行きたいですか。

彼はフランス語を習いたがっています。

基本文型

私はバスケットボールをしたくありません。

🔊 215

我**不想**打篮球。

Wǒ bù xiǎng dǎ lánqiú.

願望の意味を表す助動詞"想"の否定は"不想"になります。「～したくない」という意味を表します。

文の構造を確認してみましょう。（述語を中心に）

打

打篮球

想打篮球

不想打篮球

我不想打篮球

🔊 216

	漢字		ピンイン	意味
1	篮球	名	lánqiú	バスケットボール
2	排球	名	páiqiú	バレーボール
3	炒饭	名	chǎofàn	チャーハン
4	谈恋爱		tán liàn'ài	恋愛をする
5	快餐	名	kuàicān	ファーストフード
6	纳豆	名	nàdòu	納豆

中国語の漢字を確認してみましょう。

谈恋爱　谈　谈　谈　谈　谈　谈　谈
谈　谈　谈

次の中国語を日本語に訳してみましょう。 🔊 217

我不想打排球。

───────────────────────────────

我不想吃炒饭。

───────────────────────────────

日本語の意味に合うように，語順を並べ替えてみましょう。

私は恋をしたくありません。
［不 / 我 / 想 / 谈恋爱］

───────────────────────────────

私はファーストフードを食べたくありません。
［我 / 吃 / 快餐 / 想 / 不］

───────────────────────────────

音声を聞いて，漢字とピンインで書いてみましょう。 🔊 218

漢字 _____   ピンイン _____

漢字 _____   ピンイン _____

次の日本語を中国語に訳してみましょう。

私は卓球をしたくありません。

───────────────────────────────

私はテレビを見たくありません。

───────────────────────────────

私は納豆を食べたくありません。

───────────────────────────────

基本文型

北京ダックはとてもおいしいでしょう。

🔊 219

北京烤鸭很好吃吧。

Běijīng kǎoyā hěn hǎochī ba.

 "吧"は推量を表す語気助詞です。「～でしょう」という意味を表します。

文の構造を確認してみましょう。（述語を中心に）

好吃

好吃 吧

很 好吃 吧

北京烤鸭很 好吃 吧

🔊 220

	漢字		ピンイン	意味
1	北京烤鸭	名	Běijīng kǎoyā	北京ダック
2	吧	助	ba	推量を表す
3	四川菜	名	sìchuāncài	四川料理
4	发音	名	fāyīn	発音
5	拉面	名	lāmiàn	ラーメン
6	清淡	形	qīngdàn	あっさりした

中国語の漢字を確認してみましょう。

发音 发 发 发 发 发

四川菜很辣吧。

汉语的发音很难吧。

次の日本語の意味に合うように，語順を並べ替えてみましょう。

アメリカは日本からとても遠いでしょう。
[远 / 美国 / 离 / 很 / 吧 / 日本]

彼もラーメンを食べるのが好きでしょう。
[喜欢 / 他 / 拉面 / 吃 / 也 / 吧]

音声を聞いて，漢字とピンインで書いてみましょう。 🔊 222

漢字 _____ ピンイン _____

漢字 _____ ピンイン _____

次の日本語を中国語に訳してみましょう。

英語の発音は難しくないでしょう。

日本料理はとてもあっさりしているでしょう。

あなたたちの会社にも外国人がいるでしょう。

_____月_____日

基本文型

私は故宮を見学したことがあります。

))) 223

我参观过故宫。

Wǒ cānguānguo Gùgōng.

 "过"は経験を表し,「~したことがある」という意味を表します。「動詞＋"过" ＋（目的語）」の形で使われます。

文の構造を確認してみましょう。（述語を中心に）

参观

参观～故宫

参观过故宫

我参观过故宫

))) 224

	漢字		ピンイン	意味
1	参观	動	cānguān	見学する
2	过	助	guo	経験を表す
3	故宫	名	Gùgōng	故宮（博物館）
4	西瓜	名	xīguā	スイカ
5	香港	名	Xiānggǎng	香港
6	高尔夫球	名	gāo'ěrfūqiú	ゴルフ

中国語の漢字を確認してみましょう。

过　过　过　过　过　过

🔊 225

我吃过西瓜。

_____

她去过香港。

_____

日本語の意味に合うように，語順を並べ替えてみましょう。

私のお母さんはフランスに行ったことがあります。
[过 / 法国 / 去 / 我妈妈]

_____

あなたは焼きショーロンポーを食べたことがありますか。
[吃 / 你 / 生煎包 / 过 / 吗]

_____

音声を聞いて，漢字とピンインで書いてみましょう。 🔊 226

漢字 _____   ピンイン _____

漢字 _____   ピンイン _____

次の日本語を中国語に訳してみましょう。

あなたは水ギョーザを食べたことがありますか。

_____

私も故宮を見学したことがあります。

_____

お父さんはゴルフをしたことがあります。

_____

基本文型

私はこのゲームをプレイしたことがありません。

227

我没玩儿过这个游戏。

Wǒ méi wánrguo zhèi ge yóuxì.

 "没"は否定の意味を表す副詞です。動詞の前につき，「～しなかった」「していない」という意味を表します。経験を表す"过"は"没玩儿过"のように，"没"によって否定されます。

文の構造を確認してみましょう。（述語を中心に）

玩儿

玩儿～这个游戏　　　　没玩儿过这个游戏

玩儿过这个游戏　　　　我没玩儿过这个游戏

228

	漢字		ピンイン	意味
1	没	副	méi	ない，否定を表す
2	玩儿	動	wánr	プレイする，遊ぶ
3	游戏	名	yóuxì	ゲーム
4	爬	動	pá	のぼる
5	富士山	名	Fùshìshān	富士山
6	旗袍	名	qípáo	チャイナドレス

中国語の漢字を確認してみましょう。

游**戏**　戏　戏　戏　戏　戏

次の中国語を日本語に訳してみましょう。 229

妈妈没打过高尔夫球。

_____

弟弟没去学校。

_____

日本語の意味に合うように，語順を並べ替えてみましょう。

王先生は富士山を登ったことがありません。
[王老师 / 爬 / 没 / 富士山 / 过]

_____

私はチャイナドレスを買いませんでした。
[没 / 我 / 旗袍 / 买]

_____

音声を聞いて，漢字とピンインで書いてみましょう。 230

漢字 _____ ピンイン _____

漢字 _____ ピンイン _____

次の日本語を中国語に訳してみましょう。

彼は中国語を習ったことがありません。

_____

私の妹は大阪に行きませんでした。

_____

彼女はパクチーを食べたことがありません。

_____

基本文型

私はジェットコースターに一度乗ったことがあります。

))) 231

我坐过一次过山车。

Wǒ zuòguo yí cì guòshānchē.

 "次"は動作・行為の量を表す動量詞です。中国語の量詞には名量詞と動量詞があります。動量詞には"次"のほかに，行き来する回数を数える"趟 tàng"などがあります。

文の構造を確認してみましょう。（述語を中心に）

坐

坐〜过山车

坐过一次过山车

我坐过一次过山车

))) 232

	漢字		ピンイン	意味
1	坐	動	zuò	乗る，座る
2	次	量	cì	回数を数える
3	过山车	名	guòshānchē	ジェットコースター
4	台湾	名	Táiwān	台湾
5	趟	量	tàng	行き来する回数を数える
6	涮羊肉	名	shuànyángròu	（羊肉）しゃぶしゃぶ

中国語の漢字を確認してみましょう。

趟　趟　趟　趟　趟　趟　趟　趟　趟
趟　趟　趟　趟　趟　趟

次の中国語を日本語に訳してみましょう。 🔊 233

姐姐去过一次台湾。

妈妈去了一趟银行。

日本語の意味に合うように，語順を並べ替えてみましょう。

私はトイレに（一度）行きたいです。
［去 / 我 / 厕所 / 想 / 一趟］

私はしゃぶしゃぶを（一度）食べたことがあります。
［我 / 过 / 涮羊肉 / 吃 / 一次］

音声を聞いて，漢字とピンインで書いてみましょう。 🔊 234

漢字 _____　　　ピンイン _____

漢字 _____　　　ピンイン _____

次の日本語を中国語に訳してみましょう。

私は焼きショーロンポーを（一度）食べたことがあります。　（次）

弟はトイレに（一度）行きました。　（趟）

彼は台湾に（一度）行ったことがあります。　（次）

月 日

（10点満点）

●次の日本語を中国語に訳してみましょう。

① 見学する ▶

② ゲーム ▶

③ あっさりした ▶

④ （羊の）しゃぶしゃぶ ▶

⑤ バスケットボール ▶

⑥ フアーストフード ▶

⑦ ジェットコースター ▶

⑧ ラーメン ▶

⑨ 北京ダック ▶

⑩ チャイナドレス ▶

（10点満点）

●次の日本語を中国語に訳してみましょう。

① 私は台湾に一度行ったことがあります。 （次）

_____

② 日本は中国からとても近いでしょう。

_____

③ 彼女の妹は大阪に行きませんでした。

_____

④ 私はバスケットボールをしたくありません。

_____

⑤ あなたたちの会社にも外国人がいるでしょう。

_____

⑥ 北京ダックはとてもおいしいでしょう。

_____

⑦ 私はこの服を着たいです。

_____

⑧ 彼は富士山を登ったことがありません。

_____

⑨ 私はトイレに（一度）行きました。 （趟）

_____

⑩ あなたは中国に行きたいですか。

_____

基本文型

私は午後家に一度戻りました。

🔊 235

我下午回了一趟家。

Wǒ xiàwǔ huíle yí tàng jiā.

“下午”は「午後」の意味を表す時間表現です。それを述語の前に用いて，「いつ〜したか」，つまり「時点」を表します。「主語＋時点＋述語＋（目的語）」の形で用いられます。

文の構造を確認してみましょう。（述語を中心に）

回

回〜家

回了一趟家

下午回了一趟家

我下午回了一趟家

🔊 236

	漢字		ピンイン	意味
1	下午	名	xiàwǔ	午後
2	回	動	huí	戻る，帰る
3	联系	動	liánxì	連絡する
4	午饭	名	wǔfàn	昼ご飯
5	每天	名	měi tiān	毎日
6	酸奶	名	suānnǎi	ヨーグルト

中国語の漢字を確認してみましょう。

酸**奶**　奶　奶　奶　奶　奶

次の中国語を日本語に訳してみましょう。 237

我们去年联系过一次。

昨天我去了一趟学校。

日本語の意味に合うように，語順を並べ替えてみましょう。

私たちは 12 時に昼ご飯を食べます。
［吃 / 我们 / 午饭 / 十二点］

彼は毎日体を鍛えます。
［他 / 锻炼 / 每天 / 身体］

音声を聞いて，漢字とピンインで書いてみましょう。 238

漢字 _____ ピンイン _____

漢字 _____ ピンイン _____

次の日本語を中国語に訳してみましょう。

彼女は毎日ヨーグルトを (1 杯) 飲みます。

私は午後宿題をしたいです。

私は毎日 7 時に夕飯を食べます。

私は改札口で1時間待っていました。

🔊 239

我在检票口等了<mark>一个小时</mark>。

Wǒ zài jiǎnpiàokǒu děngle yí ge xiǎoshí.

 "一个小时"は「一時間」という意味ですが，述語の後ろに用いて，ある動作をどのぐらいしたか，すなわち「時間の幅」を表します。「主語＋述語＋時間の幅＋（目的語）」の形で用いられます。

文の構造を確認してみましょう。（述語を中心に）

等

等了一个小时

在检票口 等了一个小时

我在检票口 等了一个小时

🔊 240

	漢字		ピンイン	意味
1	检票口	名	jiǎnpiàokǒu	改札口
2	等	動	děng	待つ
3	小时	名	xiǎoshí	～時間
4	弹	動	tán	弾く
5	钢琴	名	gāngqín	ピアノ
6	法语	名	Fǎyǔ	フランス語

中国語の漢字を確認してみましょう。

检票口　检　检　检　检　检　检　检
检　检　检　检

他玩儿了一个小时游戏。

___

哥哥在医院工作过五年。

___

日本語の意味に合うように，語順を並べ替えてみましょう。

私は中国語を1時間勉強しました。
［学 / 我 / 小时 / 一个 / 汉语 / 了］

___

お母さんは電話を2時間かけました。
［打 / 妈妈 / 两个 / 电话 / 了 / 小时］

___

音声を聞いて，漢字とピンインで書いてみましょう。 242

漢字 　　　　　　　　　　　　　　　　　ピンイン

漢字 　　　　　　　　　　　　　　　　　ピンイン

次の日本語を中国語に訳してみましょう。

彼は毎日ゲームを1時間プレイします。

___

彼女は毎日ピアノを2時間弾きます。

___

日曜日私はフランス語を1時間勉強しました。

___

基本文型

私たちは１時間おしゃべりをしていました。

🔊 243

我们聊了一个小时天儿。

Wǒmen liáole yí ge xiǎoshí tiānr.

🐼 "聊天儿"は動詞ですが、「動詞＋目的語」からなる「離合動詞」になります。完了を表す"了"や時間表現など他の成分を用いる場合、"聊了一个小时天儿"のように、離合動詞の「動詞＋目的語」の間に挿入して用います。

文の構造を確認してみましょう。（述語を中心に）

聊 天儿

聊 ～一个小时 天儿

聊 了一个小时 天儿

我们 聊 了一个小时 天儿

🔊 244

	漢字		ピンイン	意味
1	聊天儿	動	liáo tiānr	おしゃべりをする
2	打工	動	dǎ gōng	アルバイトする
3	散步	動	sàn bù	散歩する
4	洗澡	動	xǐ zǎo	お風呂に入る
5	游泳	動	yóu yǒng	泳ぐ
6	逛街	動	guàng jiē	街をぶらぶらする

中国語の漢字を確認してみましょう。

逛街　逛　逛　逛　逛　逛　逛　逛　逛　逛　逛

156

我每天打四个小时工。

爷爷每天散一个小时步。

日本語の意味に合うように，語順を並べ替えてみましょう。

彼は毎日お風呂に２回入ります。
［両次 / 毎天 / 他 / 洗澡］

彼女は毎日１時間泳ぎます。
［小时 / 她 / 一个 / 游泳 / 毎天］

音声を聞いて，漢字とピンインで書いてみましょう。
246

漢字	ピンイン

漢字	ピンイン

次の日本語を中国語に訳してみましょう。

昨日私は街を２時間ぶらぶらしました。

午後私と姉は３時間おしゃべりをしました。

昨日私は１時間泳ぎました。

基本文型

この料理は少し塩辛いです。

247

这个菜有点儿咸。

Zhèi ge cài yǒudiǎnr xián.

 "有点儿"は「少し」の意味を表す程度副詞です。「"有点儿"＋形容詞」の形で用いられますが，よくマイナス評価の形容詞を伴います。

文の構造を確認してみましょう。（述語を中心に）

咸

有点儿 咸

这个菜有点儿 咸

248

	漢字		ピンイン	意味
1	有点儿	副	yǒudiǎnr	少し
2	咸	形	xián	塩辛い
3	裤子	名	kùzi	ズボン，スラックス
4	长	形	cháng	長い
5	闷热	形	mēnrè	蒸し暑い
6	不舒服		bù shūfu	（体の）具合が悪い

中国語の漢字を確認してみましょう。

不舒服

舒 舒 舒 舒 舒 舒 舒
舒 舒 舒 舒 舒

这条裤子有点儿长。

今天有点儿闷热。

中華料理は少し脂っこいです。
[有点儿 / 中国菜 / 油腻]

このチャイナドレスは少し（値段が）高いです。
[这 / 有点儿 / 件 / 贵 / 旗袍]

漢字 _____ ピンイン _____

漢字 _____ ピンイン _____

このズボンは少し小さいです。

体の具合が少し悪いです。

私たちの学校は駅から少し遠いです。

基本文型

私はドラッグストアに目薬を買いに行きます。

◀)) 251

我去药妆店买眼药水。

Wǒ qù yàozhuāngdiàn mǎi yǎnyàoshuǐ.

 同じ文に動詞が二つまたは二つ以上ある文を連動文と言います。「動詞 1 ＋場所＋動詞 2 ＋ (目的語)」の形で使われます。動詞 1 には "去" と "来" がよく使われ，「～しに行く，～しに来る」という意味を表します。

文の構造を確認してみましょう。（述語を中心に）

买

买 眼药水

去 药妆店 买 眼药水

我 去 药妆店 买 眼药水

◀)) 252

	漢字		ピンイン	意味
1	药妆店	名	yàozhuāngdiàn	ドラッグストア
2	眼药水	名	yǎnyàoshuǐ	目薬
3	上班	動	shàng bān	出勤する
4	电影院	名	diànyǐngyuàn	映画館
5	看病	動	kàn bìng	診察を受ける，診察する
6	上课	動	shàng kè	授業を受ける

中国語の漢字を確認してみましょう。

药妆店　　药　药　药　药　药　药　药　药　药

160

哥哥去公司上班。

朋友来我家玩儿。

日本語の意味に合うように，語順を並べ替えてみましょう。

私は映画館に映画を見に行きます。
［电影院 / 我 / 看 / 去 / 电影］

彼は私の家にご飯を食べに来ます。
［来 / 他 / 吃饭 / 我家］

音声を聞いて，漢字とピンインで書いてみましょう。　🔊 254

漢字　　　　　　　　　　　　　ピンイン

漢字　　　　　　　　　　　　　ピンイン

次の日本語を中国語に訳してみましょう。

お母さんは病院に診察を受けに行きます。

私は学校に授業を受けに行きます。

彼はトレーニングルームに体を鍛えに行きます。

基本文型

明日車でドライブに行きます。

 255

明天开车去兜风。

Míngtiān kāi chē qù dōu fēng.

連動文のうち，「動詞1＋手段＋動詞2＋（目的語）」のように，「動詞1」が手段を表すものがあります。日本語では「〜で〜に行く，〜で〜に来る」という意味を表します。

文の構造を確認してみましょう。（述語を中心に）

兜风

去 兜风

开车去 兜风

明天开车去 兜风

256

	漢字		ピンイン	意味
1	开车	動	kāi chē	車を運転する
2	兜风	動	dōu fēng	ドライブする
3	地铁	名	dìtiě	地下鉄
4	船	名	chuán	船
5	公交车	名	gōngjiāochē	バス
6	电车	名	diànchē	電車

中国語の漢字を確認してみましょう。

 兜风　风　风　风　风

他坐地铁去学校上课。

我们坐船去中国。

日本語の意味に合うように，語順を並べ替えてみましょう。

私はバスでデパートに行きます。
［我 / 去 / 坐 / 百货商店 / 公交车］

友達は車（を運転して）で私の家に遊びに来ます。
［我家 / 朋友 / 开车 / 玩儿 / 来］

音声を聞いて，漢字とピンインで書いてみましょう。))) 258

漢字　　　　　　　　　　　　　ピンイン

漢字　　　　　　　　　　　　　ピンイン

次の日本語を中国語に訳してみましょう。

私は自転車で学校に行きます。

彼女は電車で会社に行きます。

お母さんはバスでスーパーマーケットにリンゴを買いに行きます。

（10点満点）

●次の日本語を中国語に訳してみましょう。

① アルバイトをする　　▶

② ヨーグルト　　▶

③ 少し　　▶

④ ピアノ　　▶

⑤ ドラッグストア　　▶

⑥ 泳ぐ　　▶

⑦ 授業を受ける　　▶

⑧ 蒸し暑い　　▶

⑨ 改札口　　▶

⑩ 連絡する　　▶

（10点満点）

●次の日本語を中国語に訳してみましょう。

① 私たちは 12 時に昼ご飯を食べます。

_____

② 私たちの学校は駅から少し遠いです。

_____

③ 私は自転車で学校に行きます。

_____

④ この服は少し小さいです。

_____

⑤ 昨日私は 4 時間アルバイトをしました。

_____

⑥ 友達は車（運転して）私の家に遊びに来ます。

_____

⑦ お母さんは電話を 2 時間かけました。

_____

⑧ 彼はトレーニングルームに体を鍛えに行きます。

_____

⑨ 彼は毎日ゲームを 1 時間プレイします。

_____

⑩ この料理は少し塩辛いです。

_____

基本文型

この漢字はどう読みますか。

🔊 259

这个汉字怎么读?

Zhèi ge hànzì zěnme dú?

“怎么”は動作の方法（手段）を問う時に使われる疑問詞です。「“怎么”＋動詞」
の形で用いられ，「どうやって，どのように」の意味を表します。

文の構造を確認してみましょう。（述語を中心に）

读

怎么 读

这个汉字怎么 读

🔊 260

	漢字		ピンイン	意味
1	汉字	名	hànzì	漢字
2	怎么	代	zěnme	どのように
3	读	動	dú	（声を出して）読む
4	机器	名	jīqì	器械
5	用	動	yòng	使う
6	字	名	zì	字

中国語の漢字を確認してみましょう。

读　读 读 读 读 读 读 读 读
读

166

🔊 261

明天怎么去?

这个机器怎么用?

この字はどうやって書きますか。
［怎么 / 字 / 写 / 这个］

日曜日あなたはどうやって来ますか。
［来 / 星期天 / 怎么 / 你］

🔊 262

漢字　　　　　　　　　　　　　　ピンイン

漢字　　　　　　　　　　　　　　ピンイン

あなたは明日どうやって学校に行きますか。

この器械はどうやって使いますか。

彼は毎日どうやって会社に行きますか。

＿＿月＿＿日

基本文型

このバナナは腐っています。

263

这个香蕉坏了。

Zhèi ge xiāngjiāo huài le.

“了”は名詞述語文や形容詞述語文の文末に使われ,「変化・新しい事態の発生」の意味を表します。

文の構造を確認してみましょう。（述語を中心に）

坏
坏了
香蕉坏了
这个香蕉坏了

264

	漢字		ピンイン	意味
1	香蕉	名	xiāngjiāo	バナナ
2	坏	形	huài	腐っている，壊れる，悪い
3	了	助	le	文末に使う，変化・新事態の発生を表す
4	湿	形	shī	濡れている
5	脏	形	zāng	汚い，汚れている
6	短	形	duǎn	短い

中国語の漢字を確認してみましょう。

脏 脏 脏 脏 脏 脏 脏 脏 脏 脏
脏

次の中国語を日本語に訳してみましょう。 🔊 265

弟弟今年十二岁了。

这件衣服有点儿湿了。

日本語の意味に合うように，語順を並べ替えてみましょう。

この靴は少し汚くなりました。
［脏 / 这 / 鞋 / 有点儿 / 双 / 了］

私は今年18歳になりました。
［十八岁 / 我 / 了 / 今年］

音声を聞いて，漢字とピンインで書いてみましょう。 🔊 266

漢字   ピンイン

漢字   ピンイン

次の日本語を中国語に訳してみましょう。

この器械が壊れました。

このダウンジャケットは少し汚くなりました。

このセーターは少し短くなりました。

基本文型

田中さんは神戸へ出張しに行きました。

))) 267

田中去神户出差 了。

Tiánzhōng qù Shénhù chū chāi le.

 "了"は動詞述語文の文末に使われ，「変化・新しい事態の発生」の意味を表します。

文の構造を確認してみましょう。（述語を中心に）

出差

出差 了

去神户 出差 了

田中去神户 出差 了

))) 268

	漢字		ピンイン	意味
1	神户	名	Shénhù	神戸
2	出差	動	chū chāi	出張する
3	澳大利亚	名	Àodàlìyà	オーストラリア
4	留学	動	liú xué	留学する
5	郊游	動	jiāoyóu	ピクニックする
6	买东西		mǎi dōngxi	買い物をする

中国語の漢字を確認してみましょう。

买东西　买　买　买　买　买　买

次の中国語を日本語に訳してみましょう。

她去澳大利亚留学了。

弟弟和妹妹去郊游了。

日本語の意味に合うように，語順を並べ替えてみましょう。

彼は食堂へご飯を食べに行きました。
[食堂 / 去 / 他 / 了 / 吃饭]

お母さんはアメリカに旅行しに行きました。
[旅游 / 妈妈 / 美国 / 了 / 去]

音声を聞いて，漢字とピンインで書いてみましょう。
270

漢字   ピンイン

漢字   ピンイン

次の日本語を中国語に訳してみましょう。

妹は映画館へ映画を見に行きました。

彼女はスーパーマーケットに買物をしに行きました。

彼は韓国に出張しに行きました。

基本文型

私たちは一緒にカラオケに行きましょう。

))) 271

咱们一起去唱卡拉OK吧。

Zánmen yìqǐ qù chàng kǎlā OK ba.

 "吧"は文末助詞で，ある動作・行為を勧めたり提案したりする時に使われ，「～しよう」という意味を表します。

文の構造を確認してみましょう。（述語を中心に）

唱

唱卡拉OK

去唱卡拉OK

去唱卡拉OK吧

咱们一起去唱卡拉OK吧

))) 272

	漢字		ピンイン	意味
1	咱们	代	zánmen	（相手を含む）私たち
2	一起	副	yìqǐ	一緒に
3	唱	動	chàng	歌う
4	卡拉 OK	名	kǎlā OK	カラオケ
5	吧	助	ba	提案・勧誘などを表す
6	出发	動	chūfā	出発する

中国語の漢字を確認してみましょう。

咱们 们 们 们 们 们

172

星期天咱们去逛街吧。

咱们开车去吧。

日本語の意味に合うように，語順を並べ替えてみましょう。

明日私たちは7時に出発しましょう。
[咱们 / 吧 / 明天 / 出发 / 七点]

私たちは自転車で行きましょう。
[骑 / 咱们 / 去 / 吧 / 自行车]

音声を聞いて，漢字とピンインで書いてみましょう。 274

漢字   ピンイン

漢字   ピンイン

次の日本語を中国語に訳してみましょう。

私たちは飛行機で北海道に行きましょう。

私たちは一緒に中国へ旅行しに行きましょう。

私たちはバスで行きましょう。

月　日

基本文型

私たちはちょっと相談してみます。

275

我们商量一下。

Wǒmen shāngliang yíxià.

“一下”を動詞の後に用いて，「ちょっと～する，ひとつ（～する）」という意味を表します。また依頼や命令の表現に“一下”を使うと，口調を和らげる効果があります。

文の構造を確認してみましょう。（述語を中心に）

商量
商量一下
我们商量一下

276

	漢字		ピンイン	意味
1	商量	動	shāngliang	相談する
2	一下		yíxià	ちょっと～する
3	休息	動	xiūxi	休む，休憩する
4	问路	動	wèn lù	道を尋ねる
5	说明书	名	shuōmíngshū	説明書
6	研究	動	yánjiū	検討する，研究する

中国語の漢字を確認してみましょう。

问路　问　问　问　问　问　问

次の中国語を日本語に訳してみましょう。 🔊 277

你在这儿休息一下。

_____

我去问一下路。

_____

日本語の意味に合うように, 語順を並べ替えてみましょう。

私はここでちょっと休憩したいです。
[在 / 我 / 休息 / 这儿 / 想 / 一下]

_____

私は図書館に行ってちょっと調べてみます。
[图书馆 / 我 / 查 / 去 / 一下]

_____

音声を聞いて, 漢字とピンインで書いてみましょう。 🔊 278

漢字 _____　　　　　　ピンイン _____

漢字 _____　　　　　　ピンイン _____

次の日本語を中国語に訳してみましょう。

私たちは一緒にちょっと研究してみます。

_____

(あなた) この説明書をちょっと見てみてください。

_____

あなたたちはここでちょっと待ってください。

_____

基本文型

先生は宿題をいくらか出しました。

🔊 279

老师留了一些作业。

Lǎoshī liúle yìxiē zuòyè.

 "些"は量詞（助数詞）で，不特定の数量を表す時に使われます。日本語の「いくらか，いくつか」と訳され，場合によっては複数を表すこともできます。"一些"のように，"些"は数詞"一"としか共起しませんが，数詞"一"はよく省略されます。

文の構造を確認してみましょう。（述語を中心に）

留

留〜作业

留了一些作业

老师留了一些作业

🔊 280

	漢字		ピンイン	意味
1	留作业		liú zuòyè	宿題を出す
2	一些		yìxiē	いくらか，少し
3	准备	動	zhǔnbèi	用意する
4	点心	名	diǎnxīn	デザート，お菓子
5	日用品	名	rìyòngpǐn	日用品
6	纪念品	名	jìniànpǐn	記念品

中国語の漢字を確認してみましょう。

留作业　　业　业　业　业　业

她准备了一些点心。

妈妈去超市买了一些日用品。

日本語の意味に合うように，語順を並べ替えてみましょう。

王先生は記念品をいくらか用意しました。
［王老师 / 了 / 纪念品 / 一些 / 准备］

これらの料理は皆とても辛いです。
［很 / 这些 / 都 / 辣 / 菜］

音声を聞いて，漢字とピンインで書いてみましょう。 282

漢字 ピンイン

漢字 ピンイン

次の日本語を中国語に訳してみましょう。

私はスーパーマーケットで水果をいくらか買いました。

これらの本は皆とても面白いです。

お母さんは飲物をいくらか用意しました。

（10点満点）

●次の日本語を中国語に訳してみましょう。

① 出張する　　　　▶
_____

② 道を尋ねる　　　▶
_____

③ バナナ　　　　　▶
_____

④ オーストラリア　▶
_____

⑤ どのように　　　▶
_____

⑥ 汚い　　　　　　▶
_____

⑦ 一緒に　　　　　▶
_____

⑧ 宿題を出す　　　▶
_____

⑨ 歌う　　　　　　▶
_____

⑩ デザート　　　　▶
_____

（10点満点）

●次の日本語を中国語に訳してみましょう。

① 田中さんは神戸へ出張しに行きました。

_____

② これらの料理は皆とても辛いです。

_____

③ 私たちは飛行機で北海道に行きましょう。

_____

④ この服は少し汚くなりました。

_____

⑤ お母さんは飲物をいくらか用意しました。

_____

⑥ あなたは明日どのように学校に行きますか。

_____

⑦ 彼女はスーパーマーケットに買物をしに行きました。

_____

⑧ 私たちはちょっと相談してみます。

_____

⑨ 私は図書館に行ってちょっと調べてみます。

_____

⑩ 明日私たちは７時に出発しましょう。

_____

基本文型

お母さんは酒のつまみを少し用意しました。

🔊 283

妈妈准备了一点儿下酒菜。

Māma zhǔnbèile yìdiǎnr xiàjiǔcài.

"一点儿"は「動詞+"一点儿"+（目的語）」のような形で用いられ，事物の「量が少ない」ことを表します。数詞"一"はよく省略されます。

文の構造を確認してみましょう。（述語を中心に）

准备

准备～下酒菜

准备了一点儿下酒菜

妈妈准备了一点儿下酒菜

🔊 284

	漢字		ピンイン	意味
1	一点儿		yìdiǎnr	少し
2	下酒菜	名	xiàjiǔcài	酒のつまみ
3	甜点	名	tiándiǎn	甘い菓子類，デザート
4	白酒	名	báijiǔ	蒸留酒の総称
5	瓜子儿	名	guāzǐr	（ヒマワリ，スイカなどの）瓜の種
6	礼物	名	lǐwù	お土産，プレゼント

中国語の漢字を確認してみましょう。

甜点　甜 甜 甜 甜 甜 甜 甜 甜 甜 甜 甜

180

次の中国語を日本語に訳してみましょう。
285

我在百货商店买了一点儿甜点。

他喝了一点儿啤酒。

日本語の意味に合うように，語順を並べ替えてみましょう。

お父さんは白酒（蒸留酒）を少し飲みました。
［白酒 / 爸爸 / 了 / 一点儿 / 喝］

妹は瓜の種を少し食べました。
［妹妹 / 一点儿 / 了 / 吃 / 瓜子儿］

音声を聞いて，漢字とピンインで書いてみましょう。
286

漢字 _____ ピンイン _____

漢字 _____ ピンイン _____

次の日本語を中国語に訳してみましょう。

お母さんはお土産を少し用意しました。

私はギョーザを少し食べたいです。

姉は果物を少し買いました。

______月______日

基本文型

このお茶はいくらですか。

287

这个茶叶**多少**钱？

Zhèi ge cháyè duōshao qián?

“多少”は疑問詞で，答えとなる数量の上限が予測しにくいものに対して，「いくつ，どのぐらい」と尋ねる場合に用いられます。よく「“多少”＋名詞」の形で使われますが，「“多少”＋量詞＋名詞」の形で使われることもあります。

文の構造を確認してみましょう。（述語を中心に）

多少钱

茶叶 多少钱

这个茶叶 多少钱

288

	漢字		ピンイン	意味
1	茶叶	名	cháyè	茶の葉
2	多少钱		duōshao qián	いくらですか
3	苹果手机	名	Píngguǒ shǒujī	iPhone
4	部	量	bù	携帯電話などを数える
5	包	動	bāo	（餃子などを）包む
6	乌龙茶	名	wūlóngchá	ウーロン茶

中国語の漢字を確認してみましょう。

乌**龙**茶　龙　龙　龙　龙　龙

你们学校有多少（个）留学生？

苹果多少钱一斤？

日本語の意味に合うように，語順を並べ替えてみましょう。

iPhone は 1 台いくらですか？
［多少钱 / 苹果手机 / 一部］

昨日ギョーザをどのぐらい包みましたか（作りましたか）。
［了 / 饺子 / 昨天 / 多少 / 包 / （个）］

音声を聞いて，漢字とピンインで書いてみましょう。 290

漢字 　　　　　　　　　　　　　　ピンイン

漢字 　　　　　　　　　　　　　　ピンイン

次の日本語を中国語に訳してみましょう。

ウーロン茶は 1 瓶いくらですか。

チャイナドレスは 1 着いくらですか。

あなたはお土産をどのぐらい用意しましたか。

基本文型

蕎麦は1杯25元です。

◉ 291

荞麦面二十五块钱一碗。

Qiáomàimiàn èrshiwǔ kuài qián yì wǎn.

🐼 中国貨幣の一番大きい単位は"块"と"元 yuán"です。"块"は通常話し言葉で用います。"块钱"とも表現します。"块（元）"のほかに，"毛（角 jiǎo）"と"分（分 fēn）"があります。

文の構造を確認してみましょう。（述語を中心に）

二十五块钱
二十五块钱 一碗
荞麦面 二十五块钱 一碗

◉ 292

	漢字		ピンイン	意味
1	荞麦面	名	qiáomàimiàn	蕎麦
2	块（钱）	量	kuài (qián)	中国のお金の単位。"元"の口語
3	碗	量	wǎn	膳，杯
4	千	数	qiān	千
5	日元	名	rìyuán	日本円
6	毛	量	máo	中国のお金の単位。"角"の口語

中国語の漢字を確認してみましょう。

块钱　钱　钱　钱　钱　钱　钱　钱　钱
　　　钱　钱

次の中国語を日本語に訳してみましょう。 293

一碗拉面一千日元。

肉包子一个三块五毛钱。/ 肉包子三块五毛钱一个。

日本語の意味に合うように，語順を並べ替えてみましょう。

チャイナドレスは1着2000元です。
[块钱 / 旗袍 / 两千 / 一件]

ここの蕎麦は1杯2000円です。
[荞麦面 / 这儿 / 日元 / 一碗 / 的 / 两千]

音声を聞いて，漢字とピンインで書いてみましょう。 294

漢字 _____ ピンイン _____

漢字 _____ ピンイン _____

次の日本語を中国語に訳してみましょう。

雑誌は1冊500円です。

スイカは1個1500円です。

ワンタンは1杯7元です。

基本文型

友達が贈ってくれた和菓子はものすごくおいしいです。

🔊 295

朋友<mark>送的</mark>日式甜点好吃极了。

Péngyou sòng de rìshì tiándiǎn hǎochī jíle.

 "的"は「動詞＋"的"＋名詞」のように，動詞（動詞句）に伴い，名詞を修飾します。

文の構造を確認してみましょう。（述語を中心に）

好吃

好吃极了

日式甜点好吃极了

朋友送的日式甜点好吃极了

🔊 296

	漢字		ピンイン	意味
1	送	動	sòng	贈る，プレゼントする
2	日式甜点	名	rìshì tiándiǎn	和菓子
3	说	動	shuō	話す
4	好听	形	hǎotīng	(聴くもの)素晴らしい
5	特别	副	tèbié	特別に，特に
6	洗	動	xǐ	洗う

中国語の漢字を確認してみましょう。

 说　说　说　说　说　说　说　说　说

次の中国語を日本語に訳してみましょう。
297

老师说的英语好听极了。

妈妈做的日本菜特别好吃。

日本語の意味に合うように，語順を並べ替えてみましょう。

昨日洗った服はここにあります。
[这儿 / 昨天 / 衣服 / 的 / 洗 / 在]

日曜日見た映画は特別に面白かったです。
[特别 / 看 / 电影 / 的 / 有意思 / 星期天]

音声を聞いて，漢字とピンインで書いてみましょう。
298

漢字 　　　　　　　　　　　　　ピンイン

漢字 　　　　　　　　　　　　　ピンイン

次の日本語を中国語に訳してみましょう。

彼女が作る中華料理はものすごくおいしいです。

お父さんが買ったノートパソコンはものすごく安かったです。

姉が買った洋服はとても（値段が）高いです。

月　日

基本文型

この寿司店の評判はどうですか。

299

这家寿司店的口碑怎么样？

Zhèi jiā shòusīdiàn de kǒubēi zěnmeyàng?

“怎么样”は疑問詞で，状態または状況について問う場合に用いられます。「どう？どうですか？」の意味を表します。

文の構造を確認してみましょう。（述語を中心に）

怎么样

口碑怎么样

寿司店的口碑怎么样

这家寿司店的口碑怎么样

300

	漢字		ピンイン	意味
1	寿司店	名	shòusīdiàn	寿司屋
2	口碑	名	kǒubēi	評判
3	怎么样	代	zěnmeyàng	どうですか
4	景点	名	jǐngdiǎn	観光スポット
5	滑雪	動	huá xuě	スキーをする
6	小说	名	xiǎoshuō	小説

中国語の漢字を確認してみましょう。

滑雪

滑　滑　滑　滑　滑　滑　滑　滑
滑　滑　滑　滑

昨天参观的景点怎么样?

明天一起去滑雪怎么样?

日本語の意味に合うように，語順を並べ替えてみましょう。

私が作った中華料理はどうでしたか。
[中国菜 / 我 / 的 / 做 / 怎么样]

午後公園へ散歩しに行くのはどうですか (行きませんか)。
[散步 / 下午 / 公园 / 怎么样 / 去]

音声を聞いて，漢字とピンインで書いてみましょう。
302

漢字 　　　　　　　　　　　　　　　　ピンイン

漢字 　　　　　　　　　　　　　　　　ピンイン

次の日本語を中国語に訳してみましょう。

日曜日スキーをしに行くのはどうですか (行きませんか)。

私が作ったうどんはどうですか。

この小説はどうですか。

これはとても得難い機会です。

◔)) 303

这是一个难得的机会。

Zhè shì yí ge nándé de jīhuì.

 "的"は「形容詞＋"的"＋名詞」のように，形容詞に伴い，名詞を修飾します。"这是难得的机会"でも意味は通じますが，しばしば"一个"のような数量表現が伴います。

文の構造を確認してみましょう。（述語を中心に）

是

是一个～机会

是一个难得的机会

这是一个难得的机会

◔)) 304

	漢字		ピンイン	意味
1	难得	形	nándé	得難い，貴重だ
2	机会	名	jīhuì	機会，チャンス
3	漂亮	形	piàoliang	綺麗だ
4	有名	形	yǒumíng	有名だ
5	地道	形	dìdao	本物だ，本場の
6	结实	形	jiēshi	丈夫だ

中国語の漢字を確認してみましょう。

 结实 实 实 实 实 实 实 实 实

次の中国語を日本語に訳してみましょう。

妹妹买了一件漂亮的羽绒服。

这是一家有名的咖啡馆。

日本語の意味に合うように，語順を並べ替えてみましょう。

お母さんは本物の日本料理を2つ作りました。
[地道的 / 妈妈 / 了 / 两个 / 做 / 日本菜]

私は丈夫な傘を(1本)買いたいです。
[一把 / 我 / 买 / 结实的 / 雨伞 / 想]

音声を聞いて，漢字とピンインで書いてみましょう。
306

漢字　　　　　　　　　　　　　ピンイン

漢字　　　　　　　　　　　　　ピンイン

次の日本語を中国語に訳してみましょう。

私は有名な小説を1冊読みました。

王先生は本物の中華料理を2つ作りました。

彼女は綺麗な洋服を(1着)買いました。

●次の日本語を中国語に訳してみましょう。

① 話す　　　　　　　▶

② iPhone　　　　　　▶

③ ウーロン茶　　　　▶

④ 得難い　　　　　　▶

⑤ おみやげ　　　　　▶

⑥ 評判　　　　　　　▶

⑦ いくらですか　　　▶

⑧ 和菓子　　　　　　▶

⑨ スキーをする　　　▶

⑩ 観光スポット　　　▶

（10点満点）

● 次の日本語を中国語に訳してみましょう。

① チャイナドレスは１着2000元です。

_____

② この寿司店の評判はどうですか。

_____

③ 昨日ギョーザをどのぐらい作りましたか (包みましたか)。

_____

④ 私は有名な小説を１冊読みました。

_____

⑤ お母さんは酒のつまみを少し用意しました。　（些）

_____

⑥ これは (1つの) とても得難い機会です。

_____

⑦ お父さんはお酒を少し飲みました。　（一点儿）

_____

⑧ 午後公園へ散歩しに行くのはどうですか (行きませんか)。

_____

⑨ リンゴは１個いくらですか。

_____

⑩ お父さんが買ったノートパソコンはものすごく安かったです。

_____

基本文型

みんなで一緒にちょっと議論してみましょう。

🔊 307

大家一起讨论讨论。

Dàjiā yìqǐ tǎolùntaolun.

 "讨论讨论"は動詞の重ね型で，「ちょっと〜してみる，試しに〜してみる」という意味を表します。1音節の動詞はそのまま2回繰り返しますが，2音節の動詞には二種類あり，一般動詞は"讨论讨论"のように，離合動詞は"聊聊天儿"のように重ねます。

文の構造を確認してみましょう。（述語を中心に）

讨论

讨论讨论

一起讨论讨论

咱们一起讨论讨论

🔊 308

	漢字		ピンイン	意味
1	大家	名	dàjiā	みんな，皆さん
2	讨论	動	tǎolùn	議論する
3	以前	名	yǐqián	以前
4	相册	名	xiàngcè	アルバム
5	资料	名	zīliào	資料
6	尝	動	cháng	味見する，味わう

中国語の漢字を確認してみましょう。

讨论 论 论 论 论 论 论

次の中国語を日本語に訳してみましょう。
309

我想看看以前的相册。

咱们一起聊聊天儿吧。

日本語の意味に合うように，語順を並べ替えてみましょう。

私はこれらの資料を読んでみたいです。
［看看 / 我 / 想 / 资料 / 这些］

(私たち) 公園へちょっと散歩しに行きましょう。
［去 / 散散步 / 公园 / 咱们 / 吧］

音声を聞いて，漢字とピンインで書いてみましょう。
310

漢字 _____ ピンイン _____

漢字 _____ ピンイン _____

次の日本語を中国語に訳してみましょう。

私は図書館に行って，資料を調べてみます。

私たちは一緒にちょっと相談してみましょう。

私のお母さんが作ったケーキを味見してください。

基本文型

彼は背丈が私より高いです。

◀)) 311

他个子比我高。

Tā gèzi bǐ wǒ gāo.

 "比"は比較の意味を表す前置詞です。「A +"比"+ B +形容詞」の形で比較の基準を示し,「A は B より〜」の意味を表します。

文の構造を確認してみましょう。（述語を中心に）

高

比我高

个子比我高

他个子比我高

◀)) 312

	漢字		ピンイン	意味
1	个子	名	gèzi	背丈，身長
2	比	前	bǐ	〜より
3	高	形	gāo	高い
4	头发	名	tóufa	髪の毛
5	凉快	形	liángkuai	涼しい
6	好看	形	hǎokàn	綺麗だ

中国語の漢字を確認してみましょう。

凉快 凉 凉 凉 凉 凉 凉 凉 凉 凉 凉

次の中国語を日本語に訳してみましょう。))) 313

妹妹的头发比姐姐（的头发）长。

今天比昨天凉快。

日本語の意味に合うように，語順を並べ替えてみましょう。

中国語は英語より難しいです。
［英语 / 汉语 / 难 / 比］

この服はあの服より綺麗です。
［衣服 / 这件 / 比 / 那件 / 好看 / 衣服］

音声を聞いて，漢字とピンインで書いてみましょう。))) 314

漢字　　　　　　　　　　　ピンイン

漢字　　　　　　　　　　　ピンイン

次の日本語を中国語に訳してみましょう。

北海道はここより涼しいです。

中国の果物は日本の果物より安いです。

この本はあの本より面白いです。

基本文型

この箱はその箱よりもっと重いです。

🔊 315

这个箱子比那个箱子更重。

Zhèi ge xiāngzi bǐ nèi ge xiāngzi gèng zhòng.

🐼 "更"は程度副詞で,「A +"比"+ B +"更"+形容詞」のように比較文によく使われ,「～よりもっと(さらに)～だ」という意味を表します。

文の構造を確認してみましょう。（述語を中心に）

重

更重

那个箱子更重

这个箱子比那个箱子更重

🔊 316

	漢字		ピンイン	意味
1	箱子	名	xiāngzi	箱
2	更	副	gèng	もっと
3	重	形	zhòng	重い
4	热情	形	rèqíng	親切だ
5	鸡肉	名	jīròu	鶏肉
6	猪肉	名	zhūròu	豚肉

中国語の漢字を確認してみましょう。

猪肉　猪　猪　猪　猪　猪　猪　猪　猪
猪　猪　猪

次の中国語を日本語に訳してみましょう。 🔊 317

爷爷比奶奶更热情。

鸡肉比猪肉更便宜。

日本語の意味に合うように，語順を並べ替えてみましょう。

この本はあの本よりもっと面白いです。
［比 / 这本书 / 有意思 / 更 / 那本书］

田中さんの発音は彼よりもっと綺麗です。
［他 / 漂亮 / 田中 / 的 / 比 / 发音 / 更］

音声を聞いて，漢字とピンインで書いてみましょう。 🔊 318

漢字 _____ ピンイン _____

漢字 _____ ピンイン _____

次の日本語を中国語に訳してみましょう。

焼きショーロンポーはショーロンポーよりもっとおいしいです。

この洋服はあなたの買ったその洋服よりもっと安いです。

今日は昨日よりもっと涼しいです。

基本文型

日本に観光に来る外国人がこんなに多いのですね。

🔊 319

来日本观光的外国人这么多啊。

Lái Rìběn guānguāng de wàiguórén zhème duō a.

🐼 "这么"は形容詞の前に使われ，「こんなに」の意味を表します。"这么"のほかに，「そんなに，あんなに」を意味する"那么 nàme"があります。

文の構造を確認してみましょう。（述語を中心に）

多 ⤵
这么 多 啊 ⤵
外国人这么 多 啊 ⤵
来日本观光的外国人这么 多 啊 ⤵

🔊 320

	漢字		ピンイン	意味
1	观光	動	guānguāng	観光する
2	这么	代	zhème	こんなに
3	啊	助	a	感嘆を表す（P17参照）
4	安静	形	ānjìng	静かだ
5	那么	代	nàme	そんなに，あんなに
6	拥挤	形	yōngjǐ	混む

中国語の漢字を確認してみましょう。

观光　　观　观　观　观　观　观

次の中国語を日本語に訳してみましょう。 321

这儿这么安静啊。

你家离车站那么远啊。

日本語の意味に合うように，語順を並べ替えてみましょう。

上海は夏がそんなに蒸し暑いのですね。
［闷热 / 上海 / 那么 / 夏天 / 啊］

あなたの家は学校からこんなに近いのですね。
［学校 / 啊 / 你家 / 这么 / 离 / 近］

音声を聞いて，漢字とピンインで書いてみましょう。 322

漢字　　　　　　　　　　　　　ピンイン

漢字　　　　　　　　　　　　　ピンイン

次の日本語を中国語に訳してみましょう。

公園に散歩しに来る人がこんなに多いのですね。

中国語の発音はそんなに難しいのですね。

地下鉄はこんなに混むのですね。

基本文型

湖南料理は四川料理ほどの辛さがありますか。

🔊 323

湖南菜有四川菜（那么）辣吗？

Húnáncài yǒu sìchuāncài (nàme) là ma?

🐼 動詞"有"が比較に使われ，「A ＋"有" ＋ B ＋（这么／那么）＋形容詞」の形で「A は B ほど～だ」の意味を表します。A が基準となる B と同じぐらいの程度になります。

文の構造を確認してみましょう。（述語を中心に）

辣 ⤵

（那么）辣 吗 ⤵

四川菜（那么）辣 吗 ⤵

有四川菜（那么）辣 吗 ⤵

湖南菜有四川菜（那么）辣 吗 ⤵

🔊 324

	漢字		ピンイン	意味
1	湖南菜	名	húnáncài	湖南料理
2	有	動	yǒu	比較の基準に達していることを表す
3	语法	名	yǔfǎ	語法，文法
4	桌子	名	zhuōzi	机
5	石头	名	shítou	石
6	拳头	名	quántou	こぶし

中国語の漢字を確認してみましょう。

拳头　头　头　头　头　头

汉语的语法有英语难吗?

妹妹的个子有桌子这么高。

日本語の意味に合うように，語順を並べ替えてみましょう。

あなたのお姉さんの身長はあなたほどの高さがありますか。
［个子 / 的 / 你姐姐 / 你 / 有 / 高 / 吗］

あの石はこぶしほど（こんなに）大きいです。
［那 / 石头 / 块 / 拳头 / 大 / 有 / 这么］

音声を聞いて，漢字とピンインで書いてみましょう。 326

漢字 　　　　　　　　　　　　　　　ピンイン

漢字 　　　　　　　　　　　　　　　ピンイン

次の日本語を中国語に訳してみましょう。

彼の家はあなたの家ほど広々としていますか。

私の弟の身長は私ほど（こんなに）の高さがあります。

紅茶はコーヒーほどおいしいですか。

基本文型

中華料理は西洋料理ほどこだわりません。

🔊 327

中餐没有西餐（那么）讲究。

Zhōngcān méiyǒu xīcān (nàme) jiǎngjiu.

 動詞"没有"が比較に使われ，「A＋"没有"＋B＋(这么/那么)＋形容詞」の形で「AはBほど～でない」の意味を表します。Aが基準となるBの程度に及ばない，劣ることになります。

文の構造を確認してみましょう。（述語を中心に）

讲究

（那么）讲究

没有西餐（那么）讲究

中餐没有西餐（那么）讲究

🔊 328

	漢字		ピンイン	意味
1	中餐	名	zhōngcān	中華料理
2	没有	動	méiyǒu	比較の基準に達していないことを表す
3	西餐	名	xīcān	西洋料理
4	讲究	形	jiǎngjiu	こだわる
5	脾气	名	píqi	気性，性格
6	聪明	形	cōngming	賢い

中国語の漢字を確認してみましょう。

讲究　讲　讲　讲　讲　讲　讲

姐姐的脾气没有我（的脾气）好。

今天没有昨天凉快。

次の日本語の意味に合うように，語順を並べ替えてみましょう。

この本はその本ほど（そんなに）面白くありません。
[有意思 / 那本书 / 没有 / 这本书 / 那么]

中華料理は日本料理ほど（値段が）高くありません。
[中国菜 / 贵 / 日本菜 / 没有]

音声を聞いて，漢字とピンインで書いてみましょう。 🔊 330

漢字 _____　　ピンイン _____

漢字 _____　　ピンイン _____

次の日本語を中国語に訳してみましょう。

自転車はオートバイほど速くありません。

妹は弟ほど（そんなに）聡明ではありません。

日本は中国ほど大きくありません。

月　　　日

（10点満点）

●次の日本語を中国語に訳してみましょう。

① こんなに　　　　▶

_____

② こだわる　　　　▶

_____

③ 涼しい　　　　　▶

_____

④ もっと　　　　　▶

_____

⑤ アルバム　　　　▶

_____

⑥ 気性，性格　　　▶

_____

⑦ 混む　　　　　　▶

_____

⑧ 机　　　　　　　▶

_____

⑨ 親切だ　　　　　▶

_____

⑩ 皆さん　　　　　▶

_____

（10点満点）

●次の日本語を中国語に訳してみましょう。

① 湖南料理は四川料理ほどの辛さがありますか。

_____

② 今日は昨日より暑いです。

_____

③ 自転車はオートバイほど速くありません。

_____

④ 日本に来る外国人がこんなに多いのですね。

_____

⑤ お母さんが作る日本料理はもっとおいしいです。

_____

⑥ 日本料理は中華料理ほど（そんなに）安くありません。

_____

⑦ 私たちはちょっと相談してみましょう。

_____

⑧ この本はあの本ほど面白いですか。

_____

⑨ この服はあの服よりもっと（値段が）高いです。

_____

⑩ あなたの家は学校から（そんなに）遠いのですね。

_____

テスト解答 ✏️

p.24 ピンイン & 挨拶言葉

① rìjì
② èr
③ zìsī
④ yún
⑤ chīlì
⑥ wǔ
⑦ kèzhì
⑧ wéiyuē
⑨ yuànwàng
⑩ áo yè

p.25 ピンイン & 挨拶言葉

① 你好、您好
② 再见
③ 晚安
④ 打搅了
⑤ 不客气
⑥ 回头见
⑦ 老师好
⑧ 对不起
⑨ 谢谢
⑩ 没关系

p.38 ユニット 1

① 书包
② 化妆品
③ 老师
④ 这
⑤ 漫画
⑥ 圆珠笔
⑦ 高中生
⑧ 美国人
⑨ 姓
⑩ 杂志

p.39 ユニット 1

① 那是中日词典。
② 她叫王红。
③ 那是他的书包。
④ 我是学生。
⑤ 那是红茶。
⑥ 这是老师的圆珠笔。
⑦ 他姓李。
⑧ 这是韩国的化妆品。
⑨ 他是中国人。
⑩ 她叫山本佳子。

p.52 ユニット 2

① 手机
② 电影
③ 写
④ 汉语
⑤ 咖啡
⑥ 公司
⑦ 超市
⑧ 学
⑨ 网球
⑩ 听

p.53 ユニット 2

① 他看电影。
② 她看日本的杂志。
③ 我不是她的上司。
④ 她不买圆珠笔。
⑤ 我喜欢打乒乓球。
⑥ 我不去图书馆。
⑦ 田中学汉语。
⑧ 他喜欢猫。
⑨ 她听音乐。
⑩ 你去公司吗?

p.66 ユニット 3

① 机场
② 工作
③ 面条儿
④ 她们
⑤ 旅游

⑥ 馄饨

⑦ 早饭

⑧ 百货商店

⑨ 妈妈

⑩ 衣服

<p.67>　ユニット3

① 妹妹不打网球。

② 她也不喝牛奶。

③ 我吃生煎包，你呢？

④ 我也去超市。

⑤ 我奶奶也喜欢旅游。

⑥ 我也吃馄饨。

⑦ 我去百货商店，你呢？

⑧ 爸爸和妈妈都是老师。

⑨ 他姐姐也不吃香菜。

⑩ 我们都去机场。

<p.80>　ユニット4

① 笔记本

② 还是

③ 有意思

④ 累

⑤ 什么

⑥ 水饺儿

⑦ 可爱

⑧ 手表

⑨ 卖

⑩ 饮料

<p.81>　ユニット4

① 你叫什么名字？

② 麻婆豆腐辣不辣？

③ 日本菜不油腻。

④ 汉语难还是英语难？

⑤ 这是不是你的手表？

⑥ 他不胖。

⑦ 你爸爸喜欢喝什么酒？

⑧ 狗可爱还是猫可爱？

⑨ 生煎包也很好吃。

⑩ 你画什么？

<p.91>　ユニット5

① 十点一刻

② 后天

③ 孩子

④ 二十岁

⑤ 现在

⑥ 星期五

⑦ 前天

⑧ 两点

⑨ 明年

⑩ 差五分三点

<p.95>　ユニット5

① 今天三月三号。

② 她哥哥二十五岁。

③ 昨天星期一。

④ 现在不是四点一刻。

⑤ 前天五月五号。

⑥ 明天不是星期六。

⑦ 后天十二月三十号。

⑧ 前年二〇二〇年。

⑨ 今年不是二〇二二年。

⑩ 现在九点三刻。

<p.108>　ユニット6

① 橘子

② 画儿

③ 裙子

④ 票

⑤ 巧克力

⑥ 儿子

⑦ 公斤

⑧ 自行车

⑨ 英国

⑩ 苹果

p.109 ユニット 6

① 她买三件衣服。
② 你买几枝圆珠笔？
③ 他做几个菜？
④ 我穿这双鞋。
⑤ 那条裙子很便宜。
⑥ 妈妈不在家。
⑦ 你喝几杯咖啡？
⑧ 他借两本杂志。
⑨ 王老师的女儿在英国。
⑩ 我骑这辆自行车。

p.122 ユニット 7

① 系
② 客厅
③ 遥控器
④ 干净
⑤ 杯子
⑥ 厕所
⑦ 意大利面
⑧ 热
⑨ 笔记本电脑
⑩ 好喝

p.123 ユニット 7

① 医院离车站不远。
② 我姐姐工作很忙。
③ 日本菜好吃极了。
④ 他去哪儿？
⑤ 我家在车站附近。
⑥ 昨天的报纸不在这儿。
⑦ 我家离学校远极了。
⑧ 她身体很好。
⑨ 他家的院子大极了。
⑩ 钥匙在哪儿？

p.136 ユニット 8

① 健身房
② 咖啡馆

③ 羽绒服
④ 可口可乐
⑤ 晚饭
⑥ 饺子
⑦ 导游手册
⑧ 停车场
⑨ 加油站
⑩ 打电话

p.137 ユニット 8

① 他们公司没有中国人。
② 他有两个弟弟。
③ 我哥哥在银行工作。
④ 爸爸不在家吃晚饭。
⑤ 他姐姐有三个孩子。
⑥ 她在咖啡馆喝了两杯咖啡。
⑦ 车站附近有一家百货商店。
⑧ 我家有五口人。
⑨ 妹妹有两个书包。
⑩ 我在图书馆做作业。

p.150 ユニット 9

① 参观
② 游戏
③ 清淡
④ 涮羊肉
⑤ 篮球
⑥ 快餐
⑦ 过山车
⑧ 拉面
⑨ 北京烤鸭
⑩ 旗袍

p.151 ユニット 9

① 我去过一次台湾。
② 日本离中国很近吧。
③ 她妹妹没去大阪。
④ 我不想打篮球。
⑤ 你们公司也有外国人吧。

⑥ 北京烤鸭很好吃吧。

⑦ 我想穿这件衣服。

⑧ 他没爬过富士山。

⑨ 我去了一趟厕所。

⑩ 你想去中国吗？

p.164 ユニット 10

① 打工

② 酸奶

③ 有点儿

④ 钢琴

⑤ 药妆店

⑥ 游泳

⑦ 上课

⑧ 闷热

⑨ 检票口

⑩ 联系

p.165 ユニット 10

① 我们十二点吃午饭。

② 我们学校离车站有点儿远。

③ 我骑自行车去学校。

④ 这件衣服有点儿小。

⑤ 昨天我打了四个小时工。

⑥ 朋友开车来我家玩儿。

⑦ 妈妈打了两个小时电话。

⑧ 他去健身房锻炼身体。

⑨ 他每天玩儿一个小时游戏。

⑩ 这个菜有点儿咸。

p.178 ユニット 11

① 出差

② 问路

③ 香蕉

④ 澳大利亚

⑤ 怎么

⑥ 脏

⑦ 一起

⑧ 留作业

⑨ 唱

⑩ 点心

p.179 ユニット 11

① 田中去神户出差了。

② 这些菜都很辣。

③ 咱们坐飞机去北海道吧。

④ 这件衣服有点儿脏了。

⑤ 妈妈准备了一些饮料。

⑥ 你明天怎么去学校？

⑦ 她去超市买东西了。

⑧ 我们商量一下。

⑨ 我去图书馆查一下。

⑩ 明天咱们七点出发吧。

p.192 ユニット 12

① 说

② 苹果手机

③ 乌龙茶

④ 难得

⑤ 礼物

⑥ 口碑

⑦ 多少钱

⑧ 日式甜点

⑨ 滑雪

⑩ 景点

p.193 ユニット 12

① 旗袍两千块钱(元)一件 /
  旗袍一件两千块钱(元)/
  一件旗袍两千块钱(元)

② 这家寿司店的口碑怎么样？

③ 昨天包了多少(个)饺子？

④ 我看了一本有名的小说。

⑤ 妈妈准备了一些下酒菜。

⑥ 这是一个难得的机会。

⑦ 爸爸喝了一点儿酒。

⑧ 下午去公园散步怎么样？

⑨ 苹果多少钱一个？苹果一个多少钱？

⑩ 爸爸买的笔记本电脑便宜极了。

p.206 ユニット 13
① 这么
② 讲究
③ 凉快
④ 更
⑤ 相册
⑥ 脾气
⑦ 拥挤
⑧ 桌子
⑨ 热情
⑩ 大家

p.207 ユニット 13
① 湖南菜有四川菜辣吗?
② 今天比昨天热。
③ 自行车没有摩托车快。
④ 来日本的外国人这么多啊。
⑤ 妈妈做的日本菜更好吃。
⑥ 日本菜没有中国菜那么便宜。
⑦ 咱们商量商量吧。
⑧ 这本书有那本书有意思吗?
⑨ 这件衣服比那件衣服更贵。
⑩ 你家离学校那么远啊。

索 引

A

啊 a [助] 感嘆を表す　200
安静 ānjìng [形] 静かだ　200
澳大利亚 Àodàlìyà [名] オーストラリア　170

B

吧 ba [助] 提案・勧誘などを表す　172
吧 ba [助] 推量を表す　142
把 bǎ [量] 傘など数える　128
爸爸 bàba [名] お父さん　60
百货商店 bǎihuò shāngdiàn
　　　　　[名] 百货店　64
白酒 báijiǔ [名] 蒸留酒の総称　180
办公室 bàngōngshì [名] 事務室　106
包 bāo [動]（餃子などを）包む　182
报纸 bàozhǐ [名] 新聞　112
杯 bēi [量]〜杯，コップなどの容器で
　液体の量を数える　102
北海道 Běihǎidào [名] 北海道　106
北京烤鸭 Běijīng kǎoyā [名] 北京ダック 142
杯子 bēizi [名] コップ　112
本 běn [量] 冊，本などを数える　96
比 bǐ [前]〜より　196
便利店 biànlìdiàn [名] コンビニ　116
笔记本 bǐjìběn [名] ノート　72
笔记本电脑 bǐjìběn diànnǎo
　　　　　[名] ノートパソコン　112
不 bù [副] 否定を表す。〜ではない，
　〜しない　48
部 bù [量] 携帯電話などを数える　182
不舒服 bù shūfu （体の）具合が悪い　158

C

菜 cài [名] 料理　78
参观 cānguān [動] 見学する　144
参考书 cānkǎoshū [名] 参考書　134
厕所 cèsuǒ [名] トイレ　114
查 chá [動] 調べる　76
差 chà [動] 足りない　88
长 cháng [形] 長い　158
尝 cháng [動] 味見する，味わう　194
唱 chàng [動] 歌う　172
炒饭 chǎofàn [名] チャーハン　140
超市 chāoshì [名] スーパーマーケット　46
茶叶 cháyè [名] 茶の葉　182
陈 Chén [名] 陈（苗字）　126
车站 chēzhàn [名] 駅　110
吃 chī [動] 食べる　40
穿 chuān [動] 着る，履く　78
船 chuán [名] 船　162
出差 chū chāi [動] 出張する　170
出发 chūfā [動] 出発する　172
次 cì [量] 回数を数える　148
词典 cídiǎn [名] 辞書　42
聪明 cōngming [形] 賢い　204

D

打 dǎ [動]（球技を）する　44
大 dà [形] 大きい　74
大阪 Dàbǎn [名] 大阪　104
打电话 dǎ diànhuà 電話をかける　124
打工 dǎ gōng [動] アルバイトする　156
大后天 dàhòutiān [名] しあさって　92
大家 dàjiā [名] みんな，皆さん　194
蛋糕 dàngāo [名] ケーキ　102

导游手册 dǎoyóu shǒucè
　　　名 ガイドブック　128
大前天 dàqiántiān 名 さきおととい　92
大学 dàxué 名 大学　110
的 de 助 の　32
等 děng 動 待つ　154
点 diǎn 量 ～時　88
电车 diànchē 名 電車　162
电脑 diànnǎo 名 パソコン　132
电视 diànshì 名 テレビ　114
点心 diǎnxīn 名 デザート，お菓子　176
电影 diànyǐng 名 映画　42
电影票 diànyǐngpiào
　　　名 映画のチケット　128
电影院 diànyǐngyuàn 名 映画館　160
地道 dìdao 形 本物だ，本場の　190
弟弟 dìdi 名 弟　60
地铁 dìtiě 名 地下鉄　162
东京 Dōngjīng 名 東京　104
都 dōu 副 みな，全部　58
兜风 dōu fēng 動 ドライブする　162
读 dú 動 （声を出して）読む　166
短 duǎn 形 短い　168
锻炼 duànliàn 動 鍛える　126
多 duō 形 多い　72
多少钱 duōshao qián いくらですか　182

E

二十 èrshí 数 20　84
儿子 érzi 名 息子　106

F

法国菜 fǎguócài 名 フランス料理　138
法国人 Fǎguórén 名 フランス人　48
饭 fàn 名 ご飯　50
发音 fāyīn 名 発音　142

法语 Fǎyǔ 名 フランス語　154
附近 fùjìn 名 付近，近く　110
富士山 Fùshìshān 名 富士山　146

G

干净 gānjìng 形 清潔だ，綺麗だ　110
钢琴 gāngqín 名 ピアノ　154
高 gāo 形 高い　196
高尔夫球 gāo'ěrfūqiú 名 ゴルフ　144
高中生 gāozhōngshēng 名 高校生　28
个 ge 量 個，様々なものや人を数える　96
哥哥 gēge 名 兄　62
更 gèng 副 もっと　198
个子 gèzi 名 背丈，身長　196
公交车 gōngjiāochē 名 バス　162
公斤 gōngjīn 量 重さの単位。キログラム　98
公司 gōngsī 名 会社　46
公园 gōngyuán 名 公園　130
工作 gōngzuò 動 働く，勤める 名 仕事　60
狗 gǒu 名 犬　44
观光 guānguāng 動 観光する　200
逛街 guàng jiē 動 街をぶらぶらする　156
瓜子儿 guāzǐr 名 （ヒマワリ，スイカ
　　　などの）瓜の種　180
故宫 Gùgōng 名 故宫博物館　144
贵 guì 形 （値段が）高い　70
过 guo 助 経験を表す　144
过山车 guòshānchē
　　　名 ジェットコースター　148
锅贴儿 guōtiēr 名 焼きギョーザ　74

H

还是 háishi 接 それとも　74
孩子 háizi 名 子供　90
韩国 Hánguó 名 韓国　32
韩国人 Hánguórén 名 韓国人　26

汉语 Hànyǔ 名 中国語 40

汉字 hànzì 名 漢字 166

好 hǎo 形 よい 120

号 hào 名 ～日（口語的） 84

好吃 hǎochī 形 （食べ物）おいしい 68

好喝 hǎohē 形 （飲み物）おいしい 118

好看 hǎokàn 形 綺麗だ 196

好听 hǎotīng 形 （聴くもの）素晴らしい 186

喝 hē 動 飲む 40

和 hé 接 ～と 60

很 hěn 副 とても 68

红茶 hóngchá 名 紅茶 30

红烧肉 hóngshāoròu 名 豚の角煮 64

后年 hòunián 名 再来年 86

后天 hòutiān 名 明後日 82

画 huà 動 描く 76

坏 huài 形 腐っている，壊れる，悪い 168

画儿 huàr 名 絵 102

滑雪 huá xuě 動 スキーをする 188

化妆品 huàzhuāngpǐn 名 化粧品 32

回 huí 動 戻る，帰る 152

湖南菜 húnáncài 名 湖南料理 202

馄饨 húntun 名 ワンタン 54

J

几 jǐ 代 いくつ，どのぐらい 102

家 jiā 名 家 104

家 jiā 量 銀行，商店などを数える 130

件 jiàn 量 衣類を数える 96

讲究 jiǎngjiu 形 こだわる 204

检票口 jiǎnpiàokǒu 名 改札口 154

健身房 jiànshēnfáng 名 トレーニングルーム 124

叫 jiào 動 名前は～と言います 36

教室 jiàoshì 名 教室 106

郊游 jiāoyóu 動 ピクニックする 170

饺子 jiǎozi 名 ギョーザ 134

加油站 jiāyóuzhàn 名 ガソリンスタンド 130

机场 jīchǎng 名 空港 58

借 jiè 動 借りる，貸す 76

姐姐 jiějie 名 姉 62

结实 jiēshi 形 丈夫だ 190

机会 jīhuì 名 機会，チャンス 190

极了 jíle ものすごく，あまりにも 118

斤 jīn 量 重さの単位。500グラム 98

近 jìn 形 近い 116

景点 jǐngdiǎn 名 観光スポット 188

京都 Jīngdū 名 京都 106

经理 jīnglǐ 名 マネージャー 106

纪念品 jìniànpǐn 名 記念品 176

今年 jīnnián 名 今年 86

今天 jīntiān 名 今日 82

机器 jīqì 名 器械 166

鸡肉 jīròu 名 鶏肉 198

酒 jiǔ 名 お酒 56

橘子 júzi 名 ミカン 98

K

咖啡 kāfēi 名 コーヒー 40

咖啡馆 kāfēiguǎn 名 喫茶店 126

开车 kāi chē 動 車を運転する 162

卡拉OK kǎlā OK 名 カラオケ 172

看 kàn 動 見る，読む 42

看病 kàn bìng 動 診察を受ける，診察する 160

可爱 kě'ài 形 かわいい 68

可口可乐 kěkǒu kělè 名 コカ・コーラ 134

客厅 kètīng 名 リビングルーム 118

口 kǒu 量 （家族などの）人を数える 130

口碑 kǒubēi 名 評判 188

块 kuài 量 塊状のものを数える 102

快餐 kuàicān 名 ファーストフード 140
块（钱）kuài (qián) 量 中国のお金の単位。
　　　　"元"の口語 184
宽敞 kuānchang 形 ひろびろとした 118
裤子 kùzi 名 ズボン，スラックス 158

L

辣 là 形 辛い 72
来 lái 動 来る 50
拉面 lāmiàn 名 ラーメン 142
篮球 lánqiú 名 バスケットボール 140
老 lǎo 形 〜さん 92
老师 lǎoshī 名 教師，先生 28
了 le 助 完了を表す 134
了 le 助 文末に使う，変化・新事態の
　　発生を表す 168
累 lèi 形 疲れている 70
离 lí 前 〜から 116
李 Lǐ 名 李（苗字） 34
两 liǎng 数 2 88
辆 liàng 量 車両を数える 100
凉快 liángkuai 形 涼しい 196
联系 liánxì 動 連絡する 152
聊天儿 liáo tiānr 動 おしゃべりをする 156
李刚 Lǐ Gāng 名 李剛（名前） 36
〇（零）líng 数 ゼロ 86
铃木 Língmù 名 鈴木（苗字） 34
铃木刚 Língmù Gāng
　　　　名 鈴木剛（名前） 36
零食 língshí 名 おやつ 54
留学生 liúxuéshēng 名 留学生 64
礼物 lǐwù 名 お土産，プレゼント 180
留学 liú xué 動 留学する 170
留作业 liú zuòyè 宿題を出す 176
旅游 lǚyóu 動 旅行する 62

M

吗 ma 助 （疑問を表す）か 46
买 mǎi 動 買う 42
卖 mài 動 売る 76
买东西 mǎi dōngxi 買い物をする 170
妈妈 māma 名 お母さん 60
忙 máng 形 忙しい 120
漫画 mànhuà 名 マンガ 32
猫 māo 名 猫 44
毛 máo 量 中国のお金の単位。"角"の口語
　　　　184
毛衣 máoyī 名 セーター 138
帽子 màozi 名 帽子 48
麻婆豆腐 mápó dòufu 名 マーボー豆腐 72
没 méi 副 ない，否定を表す 146
美国 Měiguó 名 アメリカ 74
美国人 Měiguórén 名 アメリカ人 26
妹妹 mèimei 名 妹 60
美容院 měiróngyuàn 名 美容院 132
美术馆 měishùguǎn 名 美術館 112
每天 měi tiān 名 毎日 152
没有 méiyǒu 動 ない 132
没有 méiyǒu 動 比較の基準に達していない
　　ことを表す 204
闷热 mēnrè 形 蒸し暑い 158
面条儿 miàntiáor 名 うどん 54
明年 míngnián 名 来年 86
明天 míngtiān 名 明日 82
名字 míngzi 名 名前 78
摩托车 mótuōchē 名 オートバイ 138

N

那 nà 代 それ，あれ 30
纳豆 nàdòu 名 納豆 140
奶奶 nǎinai 名 （父方の）祖母 62
那么 nàme 代 そんなに，あんなに 200

难 nán 形 難しい 68

难得 nándé 形 得難い，貴重だ 190

南京 Nánjīng 名 南京 120

哪儿 nǎr 代 どこ 114

那儿 nàr 代 そこ，あそこ 112

呢 ne 助 ～は？ 64

你 nǐ 代 あなた 46

年 nián 名 年 86

你们 nǐmen 代 あなたたち 58

牛奶 niúnǎi 名 牛乳 56

女儿 nǚ'ér 名 娘 104

P

爬 pá 動 のぼる 146

排球 páiqiú 名 バレーボール 140

胖 pàng 形 太っている 70

朋友 péngyou 名 友達 90

便宜 piányi 形 安い 70

票 piào 名 チケット 96

漂亮 piàoliang 形 綺麗だ 190

啤酒 píjiǔ 名 ビール 134

瓶 píng 量 ～本，～瓶 134

苹果 píngguǒ 名 リンゴ 96

苹果手机 Píngguǒ shǒujī 名 iPhone 182

乒乓球 pīngpāngqiú 名 卓球 44

脾气 píqi 名 気性，性格 204

Q

骑 qí 動 乗る 100

千 qiān 数 1000 184

铅笔 qiānbǐ 名 えんぴつ 138

前天 qiántiān 名 おととい 84

巧克力 qiǎokèlì 名 チョコレート 102

荞麦面 qiáomàimiàn 名 蕎麦 184

清淡 qīngdàn 形 あっさりした 142

旗袍 qípáo 名 チャイナドレス 146

去 qù 動 行く 46

拳头 quántou 名 こぶし 202

去年 qùnián 名 去年 86

裙子 qúnzi 名 スカート 100

R

热 rè 形 暑い 120

人 rén 名 人 130

热情 rèqíng 形 親切だ 198

日 rì 名 ～日 84

日本 Rìběn 名 日本 32

日本菜 rìběncài 名 日本料理 56

日本人 Rìběnrén 名 日本人 26

日式甜点 rìshì tiándiǎn 名 和菓子 186

日用品 rìyòngpǐn 名 日用品 176

日元 rìyuán 名 日本円 184

肉包子 ròubāozi 名 肉まん 138

S

散步 sàn bù 動 散歩する 156

三刻 sānkè 45分 88

山本 Shānběn 名 山本（苗字） 34

山本美佳 Shānběn Měijiā
　　　　名 山本美佳（名前） 36

上班 shàng bān 動 出勤する 160

沙发 shāfā 名 ソファー 132

上课 shàng kè 動 授業を受ける 160

商量 shāngliang 動 相談する 174

上司 shàngsī 名 上司 48

生煎包 shēngjiānbāo 名 焼きショーロン
　　　　ポー 64

神户 Shénhù 名 神戸 170

什么 shénme 代 なに 76

身体 shēntǐ 名 体 120

湿 shī 形 濡れている 168

是 shì 動 です 26

食堂 shítáng 名食堂 116

石头 shítou 名石 202

十一 shíyī 数11 84

瘦 shòu 形痩せている 70

手机 shǒujī 名携帯電話 48

手表 shǒubiǎo 名腕時計 72

寿司店 shòusīdiàn 名寿司屋 188

书 shū 名本 78

双 shuāng 量靴などを数える 100

涮羊肉 shuànyángròu 名（羊肉）しゃぶ
しゃぶ 148

书包 shūbāo 名カバン 32

水果 shuǐguǒ 名果物 72

水饺儿 shuǐjiǎor 名水ギョーザ 74

说 shuō 動話す 186

说明书 shuōmíngshū 名説明書 174

叔叔 shūshu 名（父方の）叔父 90

四川菜 sìchuāncài 名四川料理 142

送 sòng 動贈る，プレゼントする 186

酸奶 suānnǎi 名ヨーグルト 152

岁 suì 量～歳 90

名田中佳子（名前） 36

条 tiáo 量ズボンなどを数える 100

听 tīng 動聴く 42

停车场 tíngchēchǎng 名駐車場 130

同事 tóngshì 名同僚 92

头发 tóufa 名髪の毛 196

图书馆 túshūguǎn 名図書館 50

T

他 tā 代彼 28

她 tā 代彼女 28

台湾 Táiwān 名台湾 148

他们 tāmen 代彼ら 58

她们 tāmen 代彼女たち 58

弹 tán 動弾く 154

谈恋爱 tán liàn'ài 恋愛をする 140

趟 tàng 量行き来する回数を数える 148

讨论 tǎolùn 動議論する 194

特别 tèbié 副特別に，特に 186

甜点 tiándiǎn 名甘い菓子類，デザート 180

田中 Tiánzhōng 名田中（苗字） 34

田中佳子 Tiánzhōng Jiāzǐ

W

外国人 wàiguórén 名外国人 132

碗 wǎn 量膳，杯 184

晚饭 wǎnfàn 名夕飯 126

王 Wáng 名王（苗字） 34

王红 Wáng Hóng 名王红（名前） 36

网球 wǎngqiú 名テニス 44

玩儿 wánr 動プレイする，遊ぶ 146

问路 wèn lù 動道を尋ねる 174

我 wǒ 代わたし 26

我们 wǒmen 代私たち 58

午饭 wǔfàn 名昼ご飯 152

乌龙茶 wūlóngchá 名ウーロン茶 182

X

洗 xǐ 動洗う 186

系 xì 名学部 110

下酒菜 xiàjiǔcài 名酒のつまみ 180

咸 xián 形塩辛い 158

想 xiǎng 助動～したい 138

香菜 xiāngcài 名パクチー 62

相册 xiàngcè 名アルバム 194

香港 Xiānggǎng 名香港 144

香蕉 xiāngjiāo 名バナナ 168

箱子 xiāngzi 名箱 198

现在 xiànzài 名いま 88

小 xiǎo 形～さん 90

小 xiǎo 形小さい 110

小笼包 xiǎolóngbāo 名 ショーロンポー 64

小时 xiǎoshí 名 ～時間 154

小说 xiǎoshuō 名 小説 188

夏天 xiàtiān 名 夏 120

下午 xiàwǔ 名 午後 152

西餐 xīcān 名 西洋料理 204

鞋 xié 名 くつ 78

写 xiě 動 書く 50

喜欢 xǐhuan 動 好きだ 44

西瓜 xīguā 名 スイカ 144

信 xìn 名 手紙 50

姓 xìng 動 苗字は～と言います 34

行李 xíngli 名 荷物 54

星期二 xīngqī'èr 名 火曜日 82

星期天 xīngqītiān 名 日曜日 82

兄弟姐妹 xiōngdì jiěmèi 名 兄弟姉妹 132

休息 xiūxi 動 休む，休憩する 174

洗澡 xǐ zǎo 動 お風呂に入る 156

学 xué 動 勉強する 40

学生 xuésheng 名 学生 28

学习 xuéxí 動 勉強する 124

学校 xuéxiào 名 学校 46

一点儿 yìdiǎnr 少し 180

英国 Yīngguó 名 イギリス 104

英语 Yīngyǔ 名 英語 68

衣服 yīfu 名 洋服 56

一刻 yíkè 15分 88

一起 yìqǐ 副 一緒に 172

银行 yínháng 名 銀行 124

饮料 yǐnliào 名 飲み物 78

以前 yǐqián 名 以前 194

音乐 yīnyuè 名 音楽 42

医生 yīshēng 名 医者 28

伊藤 Yīténg 名 伊藤 126

一下 yíxià ちょっと～する 174

一些 yìxiē いくらか，少し 176

医院 yīyuàn 名 病院 116

用 yòng 動 使う 166

拥挤 yōngjǐ 形 混む 200

有 yǒu 動 ある，いる 128

有 yǒu 動 比較の基準に達していること
　を表す 202

有点儿 yǒudiǎnr 副 少し 158

幼儿园 yòu'éryuán 名 幼稚園 126

有名 yǒumíng 形 有名だ 190

油腻 yóunì 形 脂っこい 70

油条 yóutiáo 名 中国風長揚げパン 56

游戏 yóuxì 名 ゲーム 146

有意思 yǒu yìsi 面白い 68

游泳 yóu yǒng 動 泳ぐ 156

远 yuǎn 形 遠い 116

圆珠笔 yuánzhūbǐ 名 ボールペン 30

语法 yǔfǎ 名 語法，文法 202

羽绒服 yǔróngfú 名 ダウンジャケット 128

雨伞 yǔsǎn 名 傘 128

院子 yuànzi 名 庭 118

月 yuè 名 月 84

Y

养 yǎng 動 飼う 98

眼镜儿 yǎnjìngr 名 メガネ 114

研究 yánjiū 動 検討する，研究する 174

眼药水 yǎnyàoshuǐ 名 目薬 160

药店 yàodiàn 名 薬局 124

遥控器 yáokòngqì 名 リモコン 114

钥匙 yàoshi 名 鍵 114

药妆店 yàozhuāngdiàn
　名 ドラッグストア 160

也 yě 副 ～も，類同を表す 54

爷爷 yéye 名 （父方の）祖父 62

意大利面 yìdàlìmiàn 名 スパゲッティ 118

Z

在 zài 動 いる，ある　104
在 zài 前 ～で，場所を表す　124
脏 zāng 形 汚い，汚れている　168
咱们 zánmen 代 (相手を含む) 私たち　172
早饭 zǎofàn 名 朝食　56
杂志 zázhì 名 雑誌　30
怎么 zěnme 代 どのように　166
怎么样 zěnmeyàng 代 どうですか　188
张 Zhāng 名 張 (苗字)　92
张 zhāng 量 枚，紙などを数える　96
找 zhǎo 動 探す　76
这 zhè 代 これ　30
这么 zhème 代 こんなに　200
这儿 zhèr 代 ここ　112
枝 zhī 量 本，棒状のものを数える　98
只 zhī 量 (小さい，かわいい) 動物を
　数える　98
侄子 zhízi 名 甥　92
重 zhòng 形 重い　198
中餐 zhōngcān 名 中華料理　204
中国 Zhōngguó 名 中国　74
中国人 Zhōngguórén 名 中国人　26
中日词典 Zhōng-Rì cídiǎn 名 中日辞典　30
中国菜 zhōngguócài 名 中華料理　40
准备 zhǔnbèi 動 用意する　176
猪肉 zhūròu 名 豚肉　198
桌子 zhuōzi 名 机　202
字 zì 名 字　166
资料 zīliào 名 資料　194
自行车 zìxíngchē 名 自転車　100
总经理 zǒngjīnglǐ 名 社長　48
坐 zuò 動 乗る，座る　148
做 zuò 動 作る，する　50
昨天 zuótiān 名 昨日　82
佐藤 Zuǒténg 名 佐藤 (苗字)　90

做作业 zuò zuòyè 宿題をする　54

監修
楊凱栄（東京大学名誉教授・専修大学特任教授）

著者
張麗群（日本大学文理学部教授）

表紙・本文デザイン／イラスト　小熊未央
音声吹込　王英輝

1日㉎1句　わたしの中国語学習帳

検印 省略	Ⓒ 2023 年 1 月 31 日　第 1 版　発行

監　修	楊凱栄
著　者	張麗群
発行者	小川　洋一郎
発行所	株式会社 朝 日 出 版 社

〒 101-0065　東京都千代田区西神田 3-3-5
電話 (03) 3239-0271・72（直通）
振替口座　東京　00140-2-46008
欧友社／錦明印刷
http://www.asahipress.com